Cooperación Regulatoria Internacional

Tanto este documento, así como cualquier dato y cualquier mapa que se incluya en él, se entenderán sin perjuicio respecto al estatus o la soberanía de cualquier territorio, a la delimitación de fronteras y límites internacionales, ni al nombre de cualquier territorio, ciudad o área.

Por favor, cite esta publicación de la siguiente manera:
OCDE (2021), *Cooperación Regulatoria Internacional*, OECD Publishing, Paris, *https://doi.org/10.1787/e2233df7-es*.

ISBN 978-92-64-94400-8 (impresa)
ISBN 978-92-64-88923-1 (pdf)

Imágenes: Portada © Nikita Burdenkov/Shutterstock.com.

Las erratas de las publicaciones se encuentran en línea en: *www.oecd.org/about/publishing/corrigenda.htm*.
© OCDE 2021

El uso del contenido del presente trabajo, tanto en formato digital como impreso, se rige por los términos y condiciones que se encuentran disponibles en: *http://www.oecd.org/termsandconditions*.

Prefacio

La crisis financiera de 2008 y la pandemia de COVID-19 han puesto en manifiesto la interdependencia y la complejidad del mundo actual. Abordar ambas crisis requirió esfuerzos de cooperación multilateral sin precedentes. De manera similar, muchos de los desafíos que enfrentamos, el cambio climático y la biodiversidad, la contaminación transfronteriza, la evasión y elusión fiscal, la digitalización, la inestabilidad del mercado financiero o los flujos migratorios, no pueden ser abordados individualmente por los gobiernos. Estos desafíos y muchos otros solo pueden abordarse de manera eficaz con la cooperación regulatoria internacional en todos los temas relevantes de política pública. Aun así, continuamos siendo testigos de cómo los marcos institucionales y procesos regulatorios tradicionales, están sujetos a los límites jurisdiccionales, y por tanto, no logran reconocer la dimensión global de los problemas que enfrentan.

Es por eso que los gobiernos deben ajustar su enfoque para la elaboración de la regulación. Deben considerar la realidad internacional al desarrollar sus leyes y regulaciones domésticas. Al aplicar un enfoque internacional más sólido y sistemático en sus prácticas de elaboración de normas, los gobiernos estarán mejor equipados para aprender unos de otros y, cuando sea necesario, articular respuestas regulatorias coordinadas y consistentes mientras preservan sus prerrogativas nacionales. Hay muchos ejemplos de los beneficios de la cooperación regulatoria, desde el número de vidas salvadas gracias a la colaboración de los reguladores en la aprobación de vacunas, hasta la coordinación de los protocolos de seguridad sanitaria en el transporte aéreo durante la pandemia, la mejora de la calidad del aire o del agua como resultado de la coordinación en normas de contaminación, la seguridad que ofrece a los consumidores la aplicación más allá de las fronteras y los grandes beneficios financieros para los comerciantes e inversionistas al limitar la divergencia regulatoria innecesaria en los requisitos de los productos.

El informe de los Principios de Buenas Prácticas de la OCDE sobre Cooperación Regulatoria Internacional establece los principios clave y los enfoques prioritarios sobre cómo los procedimientos de elaboración de las normas pueden transformarse fundamentalmente para fortalecer la resiliencia ante las disrupciones de una economía mundial interconectada. Estos principios tienen como objetivo ayudar a los gobiernos a hacer un uso más eficaz y estratégico de las diferentes alternativas de cooperación, incluidos los instrumentos internacionales.

Fue visionario cuando el Comité de Política Regulatoria de la OCDE hizo de la cooperación regulatoria internacional un pilar de la calidad regulatoria en 2012. No es casualidad que estos Principios de Buenas Prácticas – la primera y única guía sobre el tema a nivel internacional, basándose en casi 10 años de investigación y análisis de políticas en el campo – sean publicados cuando la OCDE está promoviendo la cooperación global como clave para optimizar la fuerza y la calidad de la recuperación económica en el marco del COVID-19 y abordar otros desafíos globales apremiantes. Los Principios de Buenas Prácticas confirman la dedicación de la Organización para apoyar a los gobiernos a fin de aprovechar todas las facetas de la globalización, la gestión de los bienes comunes globales y la promoción del multilateralismo para lograr compromisos globales ambiciosos como los Objetivos de Desarrollo Sostenible. El desarrollo de estos Principios de Buenas Prácticas en Cooperación Regulatoria Internacional es un hito clave e invito a todos los países a utilizarlos activamente para que los gobiernos sean más conscientes del alcance transfronterizo de sus acciones y para diseñar mejores políticas para una vida mejor.

Mathias Cormann
Secretario General de la OCDE

Prólogo

Este informe es parte de la serie de "principios de buenas prácticas" elaborados bajo el auspicio del Comité de Política Regulatoria de la OCDE.

Los mecanismos y herramientas regulatorias domésticas están llegando a sus límites para hacer frente a los desafíos transfronterizos. La rápida internacionalización de los mercados, los bienes y los flujos, así como las amenazas comunes, como la pandemia COVID-19, presentan desafíos sin precedentes para los responsables de la formulación de políticas y los reguladores, los cuales no pueden abordarse de forma aislada. Existe una necesidad urgente de reglas más consistentes, dinámicas y con mayor resiliencia para enfrentar la creciente complejidad de los problemas. La cooperación regulatoria internacional (CRI) brinda una oportunidad para que los países consideren los impactos de las regulaciones más allá de sus fronteras, amplíen la base de evidencia para la toma de decisiones aprendiendo de la experiencia de sus pares internacionales y desarrollen enfoques concertados para los desafíos que trascienden las fronteras. Como parte de las actividades regulatorias, la CRI puede fortalecer la competencia de las administraciones públicas en temas globales.

El Comité de Política Regulatoria de la OCDE (CPR) ha desempeñado un papel destacado a nivel internacional en la promoción de reformas regulatorias y prácticas regulatorias sólidas. El CPR identificó la importancia de la CRI desde 1994 y recopiló sistemáticamente un acervo profundo sobre el trabajo analítico a partir de 2011. De conformidad con el visionario Principio 12 de la Recomendación de 2012 sobre política reguladora y gobernanza [OECD/LEGAL/0390], que alienta a los Adherentes a "considerar todos los estándares y marcos internacionales relevantes para la cooperación en el mismo campo y, cuando sea apropiado, sus probables efectos en partes fuera de su jurisdicción ", el trabajo del CPR ha tomado varias direcciones. Ha estabilizado establecido las definiciones y conceptos clave en torno a la CRI; ha investigado los diversos enfoques de CRI a través de una serie de estudios de sectores específicos (i.e, sector financiero), áreas de políticas (i.e, competencia) o enfoques (i.e, reconocimiento mutuo); abordando la interfaz entre la política regulatoria y comercial; destacando la contribución de las organizaciones internacionales; analizando las oportunidades nacionales para incorporar la CRI en la elaboración de normas nacionales; y condujo el desarrollo de plataformas dedicadas a la CRI (como el Foro de Organizaciones Internacionales para una Reglamentación Internacional Efectiva). Con los Principios de Buenas Prácticas sobre Cooperación Regulatoria Internacional ("Principios de buenas prácticas"), el CPR se basa en este trabajo, lo sintetiza y consolida su papel como el único foro internacional con experiencia reconocida en política regulatoria y con una base normativa bien establecida sobre CRI.

Los Principios de Buenas Prácticas pretenden ayudar a los responsables de la formulación de políticas y los funcionarios públicos con una guía práctica para hacer un mejor uso de la CRI. En ellos se describen los pasos esenciales para la definición de una estrategia y gobernanza gubernamentales en su conjunto, para incorporar las consideraciones internacionales en todo el diseño, desarrollo y ejecución de la reglamentación y para aprovechar la cooperación bilateral, regional y multilateral en cuestiones regulatorias para respaldar los objetivos de las políticas nacionales.

Los Principios de Buenas Prácticas reúnen la experiencia de una amplia gama de partes interesadas. Más allá de aprovechar la riqueza del conocimiento de los miembros del CPR de la OCDE, una consulta pública realizada entre enero y marzo de 2021 generó valiosos aportes de gobiernos, organizaciones internacionales, la sociedad civil y diferentes comunidades de políticas de la OCDE.

Este documento fue aprobado por el Comité de Política Regulatoria en su sesión número 24 el 21 de abril de 2021 y preparado para su publicación por la Secretariado de la OCDE.

Reconocimientos

Los Principios de Mejoras Prácticas sobre Cooperación Regulatoria Internacional fueron preparados por la Dirección de Gobernanza Pública (GOV) de la OCDE bajo el liderazgo de Elsa Pilichowski, Directora de Gobernanza Pública y Nick Malyshev, Jefe de la División de Política Regulatoria. El informe fue redactado y gestionado por Céline Kauffmann en coordinación con Marianna Karttunen y Camila Saffirio. Agradecemos al personal de la División de Política Regulatorias de la OCDE que proporcionaron aportes durante la elaboración del documento. El proceso editorial fue coordinado por Jennifer Stein.

Las autoras están especialmente agradecidas por las discusiones sustanciales y las valiosas ideas de los miembros del Grupo Directivo sobre Cooperación Regulatoria Internacional (compuesto durante el 2021 por Alemania, Australia, Canadá, Chile, Colombia, la Comisión Europea, y Estados Unidos, México, Nueva Zelanda, Noruega y Reino Unido).

El Secretariado agradece especialmente a los miembros del Comité de Política Regulatoria que brindaron comentarios sustanciales y apoyo a los diversos borradores del documento, particularmente en abril y octubre/noviembre de 2020, así como a los miembros de la Red de Reguladores Económicos por sus aportes. Además, el documento se benefició enormemente de las numerosas aportaciones recibidas a lo largo de una consulta pública realizada entre enero y marzo de 2021, en particular de representantes de gobiernos, organismos internacionales, la sociedad civil y otras comunidades de políticas públicas de la OCDE.

Tabla de contenidos

Acrónimos y abreviaciones — 10

Resumen ejecutivo — 12

Antecedentes y contexto — 15

1 ¿Por qué es importante la cooperación internacional regulatoria y en qué consiste? — 19
    ¿Por qué es importante la cooperación regulatoria internacional?? — 20
    ¿Qué es la cooperación regulatoria internacional? — 29
    Notas — 41
    Referencias — 41

2 Principios de buenas prácticas de cooperación regulatoria internacional — 45
    Establecer la estrategia de CRI y su gobernanza — 47
    Integrar la CRI en toda la elaboración de políticas a nivel nacional — 51
    Cooperar a nivel internacional (bilateral, plurilateral y multilateral) — 56
    Nota — 58
    Referencias — 58

Anexo A. Síntesis de las ventajas y desventajas de las distintas formas de CRI — 60
    Los beneficios de la CRI (OCDE 2013) — 60
    Los costes y retos de la CRI (OCDE 2013) — 61
    Fortalezas y debilidades de los distintos enfoques de CRI (OCDE 2013) — 62
    Referencias — 64

Anexo B. Estudios sectoriales — 66
    Seguridad química (OECD, 2013[1]) — 66
    Referencias — 72

Cuadros

Cuadro 1.1. Terminología utilizada en relación con la política regulatoria — 32

Cuadro A A.1. Advantages and disadvantages of various IRC forms — 63

Gráficas

Gráfica 1.1. Costos comerciales relacionados con la heterogeneidad para productores y comerciantes	24
Gráfica 1.2. Lista de comprobación de la CRI	28
Gráfica 1.3. Mecanismos de CRI	35
Gráfica 1.4. Clasificación no exhaustiva de los tipos de CRI por resultados	37
Gráfica 1.5. Espectro de las modalidades de reconocimiento mutuo	39

Recuadros

Recuadro 1. Labor del Comité de Política Regulatoria de la OCDE sobre cooperación regulatoria internacional	16
Recuadro 1.1. La evidencia de un mundo cada vez más interconectado	20
Recuadro 1.2. Cooperación internacional regulatoria en acción	22
Recuadro 1.3. Ejemplos de aumento de la eficiencia administrativa a partir de la CRI	25
Recuadro 1.4. Impulsores de la CRI	27
Recuadro 1.5. Definiciones de países seleccionados sobre la cooperación internacional regulatoria	30
Recuadro 1.6. Política regulatoria, buenas prácticas regulatorias y cooperación internacional regulatoria: tender puentes lingüísticos entre los responsables de la elaboración de políticas regulatorias y comerciales	31
Recuadro 1.7. Glosario de términos clave relacionados con la CRI	32
Recuadro 2.1. Resumen de los Principios de Buenas Prácticas sobre Cooperación Regulatoria Internacional	46
Recuadro 2.2. Ejemplos seleccionados de marcos estratégicos y políticos de todo el Gobierno para la CRI	48
Recuadro 2.3. Comunidades de prácticas regulatorias	50
Recuadro 2.4. Integrar los instrumentos internacionales en la regulación nacional	52
Recuadro 2.5. Análisis del impacto comercial a través de los procedimientos de la Manifestación de Impacto Regulatorio	54
Recuadro 2.6. Evaluaciones y revisiones del inventario como oportunidades para identificar divergencias a nivel internacional y reunir nueva información	55
Recuadro 2.7. El Acuerdo Económico y Comercial Global Unión Europea - Canadá (CETA)	57

Acrónimos y abreviaciones

ACER	Agencia para la Co-operación de Reguladores Energéticos
APEC	Cooperación Económica Asia Pacífico
BCBS	Comité de Supervisión Bancaria de Basilea
BEPS	Erosión de la base imponible y el traslado de beneficios
BPPs	Principios de buenas prácticas
BIAC	Comité de Negocios e Industria de la OCDE
CABs	Organismos de evaluación de la conformidad
CCRVDF	Comité del Codex sobre Grasas y Aceites
CDR	Directiva del Gabinete sobre la Regulación
CETA	Acuerdo Integral de Economía y Comercio Global de la UE y Canadá
CFR	Comunidad de Reguladores Federales
CLRTAP	Convenio sobre la contaminación atmosférica transfronteriza a gran distancia
CPR	Comité de Política Regulatoria
CRI	Cooperación Regulatoria Internacional
EC	Comisión Europea
EMA	Agencia Europea de Medicina
EU	Unión Europea
FAO	Organización de las Naciones Unidas para la Alimentación y la Agricultura
FSB	Consejo de Estabilidad Financiera
FTA	Acuerdo de Libre Comercio
GEMS	Estándares Mínimos para los Gases de Efecto Invernadero y Energía
G-REG	Iniciativa de las Prácticas de Gobierno Regulatorio
GRP	Buenas Prácticas Regulatorias
IA	Inteligencia Artificial
IAIS	Asociación Internacional de Supervisores de Seguros
IASB	Junta de Normas Internacionales de Contabilidad
ICN	Red Internacional de Competencia
IFAC	Federación Internacional de Contadores
IGA	Acuerdo inter-gubernamental
IGO	Organización inter-gubernamental

IPPC	Convención Internacional de Protección Fitosanitaria
ITF	Foro Internacional de Transporte de la OCDE
MAD	Aceptación mutua de datos
MLAT	Tratado de asistencia jurídica mutua
MLI	Convención Multilateral para Implementar el Tratado de Impuestos para las Medidas Relacionadas a la Prevención del BEPS
MoU	Memorándum de Entendimiento
MRA	Acuerdo de Reconocimiento Mutuo
MBIE	Ministerio de Industria, Innovación y Empleo
NIOSH	Instituto Nacional para la Seguridad y Salud Ocupacional
NTM	Medidas no tarifarias
OI	Organización internacional
OICV	Organización Internacional de Comisiones de Valores
OMB	Oficina de Administración y Presupuesto
OCDE	Organización para la Co-operación y el Desarrollo Económicos
OIE	Organización Mundial de Sanidad Animal
RCC	Consejo de Cooperación Regulatoria Canadá-Estados Unidos
RCF	Foro de Cooperación Regulatoria
RIA	Análisis de Impacto Regulatorio
RTA	Acuerdo comercial regional
SPS	Sanitario y fitosanitario
TBS	Secretaría del Consejo del Tesoro de Canadá
TBT	Barreras técnicas al comercio
TGN	Red inter-gubernamental
UNECE	Comisión Económica de las Naciones Unidas para Europa
USMCA	Tratado de Libre Comercio Mexico-Estados Unidos-Canadá
US FDA	Administración de Alimentos y Medicamentos de los Estados Unidos
VICH	Cooperación Internacional para la Armonización de Requerimientos Técnicos para Productos de Medicina Veterinaria
WAHIS	Sistema Mundial de Información Zoosanitaria
OMS	Organización Mundial de la Salud
OMC	Organización Mundial del Comercio

Resumen ejecutivo

Los rápidos flujos transfronterizos de bienes y servicios, potenciados por la desmaterialización provocada por la digitalización, están poniendo a prueba la eficacia y la capacidad de los marcos regulatorios nacionales. Al mismo tiempo, la creciente interdependencia económica también puede haber hecho al mundo más vulnerable a amenazas comunes, particularmente visibles en tiempos de crisis global. El cambio climático, las inestabilidades de los mercados financieros, la evasión y elusión fiscal y, más recientemente, la pandemia COVID-19 son solo algunos ejemplos de desafíos globales complejos cuya gestión pública reveló deficiencias en la coordinación internacional de la regulación. Son un claro recordatorio de la interconexión de los países y la importancia de la cooperación en leyes y reglamentos para mejorar la resiliencia de los marcos regulatorios frente a las disrupciones globales o regionales.

La Cooperación Regulatoria Internacional (CRI) tiene como objetivo promover la interoperabilidad de los marcos legales y regulatorios. La Recomendación del Consejo de la OCDE sobre Política y Gobernanza Regulatoria de 2012 fue visionaria al hacer de la CRI un pilar clave de la calidad y relevancia de la regulación al alentar a los gobiernos, a *tomar en cuenta, al desarrollar medidas regulatorias, todos los estándares y marcos internacionales de cooperación pertinentes en la misma área y, cuando sea adecuado, los probables efectos que tengan en terceros fuera de su jurisdicción* (Principio 12). La CRI, por lo tanto, forma parte de un componente fundamental de la reforma regulatoria estructural, que cierra la brecha entre la naturaleza nacional de la elaboración de reglas y la dimensión cada vez más internacional de los problemas que las leyes y regulaciones pretenden abordar. Los Principios de Buenas Prácticas de la OCDE de Cooperación Regulatoria Internacional ("Principios de buenas prácticas") proporcionan a los responsables de la formulación de políticas, los funcionarios públicos y otros profesionales del sector público un instrumento práctico para sacar el máximo provecho de la CRI.

Hay distintas formas en que las autoridades gubernamentales pueden promover la interoperabilidad de leyes y reglamentos. En términos generales, la noción de CRI abarca cualquier acuerdo o arreglo organizativo, formal o informal, entre países para promover alguna forma de cooperación en el diseño, seguimiento, aplicación o evaluación ex post de la regulación. En la práctica, los enfoques de CRI van desde el intercambio de información hasta la armonización de la normativa. Pueden centrarse en la etapa que precede al desarrollo de la normativa, como la recopilación de pruebas, o aplicarse al lado de la implementación normativa (en el cumplimiento e inspecciones, por ejemplo). Pueden involucrar una organización institucional compleja (como el establecimiento de una secretaría dedicada) o resultar de un diálogo informal. Para obtener beneficios de la CRI, es esencial que los legisladores y los reguladores consideren la amplia gama de enfoques y sus respectivos beneficios y costos.

Para ayudar a los países a operar un verdadero cambio cultural e incorporar firmemente un lente internacional más sólido en los marcos regulatorios nacionales, los principios de buenas prácticas se organizan en torno a tres pilares (y se detallan a continuación).

Establecer una política/estrategia de CRI integral de gobierno es un paso esencial para transmitir liderazgo político y construir una visión holística, alimentando las prioridades estratégicas más amplias del gobierno, con roles y responsabilidades claramente definidos. En términos más generales, ayuda a la diversidad de actores que deben participar en la CRI a tener un conocimiento y una comprensión comunes de las herramientas que tienen a su disposición.

La CRI comienza en casa incorporando sus principios clave a lo largo de la reglamentación nacional, desde el inicio de nuevas leyes y regulaciones hasta su implementación, evaluación y revisión. Esto se puede hacer sin una coordinación previa con pares extranjeros, pero aún tiene importantes implicaciones para las actividades de los reguladores nacionales y sus órganos de supervisión. Implica una consideración sistemática de los marcos regulatorios extranjeros e internacionales de relevancia al momento de diseñar la regulación, así como la evaluación de cómo las medidas regulatorias impactan y encajan dentro de la gestión transfronteriza más amplia del tema a abordar. Las herramientas de gestión regulatoria, a saber, el análisis del impacto regulatorio, la participación de las partes interesadas y las revisiones ex post de las leyes y la regulación, proporcionan puntos de entrada importantes en el proceso de elaboración de normas para considerar el entorno internacional y enriquecer la base de pruebas para el desarrollo y revisión de normativa de calidad. En última instancia, una reglamentación mejor informada ayuda a evitar divergencias reglamentarias innecesarias y fomenta el conocimiento mutuo y la confianza necesarios a través de las jurisdicciones.

Además de las acciones unilaterales, se necesitan enfoques más sólidos de cooperación bilateral, regional o multilateral (y existen de facto) para sentar las bases de una colaboración institucionalizada y continua y de una mayor coherencia en los asuntos regulatorios. Las modalidades de cooperación dependerán del sistema legal y administrativo y la ubicación geográfica del país, así como del sector o área de política bajo consideración. Estos principios de buenas prácticas ayudan a los países a hacer un uso más eficaz y estratégico de medios de cooperación tan diferentes, como contribuir a foros internacionales, que apoyan la cooperación regulatoria, utilizando el reconocimiento mutuo en combinación con otros instrumentos internacionales o disposiciones específicas en materia de acuerdos comerciales.

Estos principios de buenas prácticas son intencionalmente ambiciosos. Hasta la fecha, pocos países cumplen con los principios establecidos en este documento. Sin embargo, el hecho de que se utilice poco no significa que la CRI no sea alcanzable. Por el contrario, varias prácticas y enfoques son fáciles de adoptar. Casi diez años después de que la Recomendación del Consejo de la OCDE sobre Política y Gobernanza Regulatoria de 2012 convirtiera a la CRI en un pilar clave de la calidad regulatoria, estos Principios de Buenas Prácticas dan un impulso renovado a los países para que realmente adopten la CRI y, por lo tanto, aborden mejor los principales desafíos políticos de hoy y de mañana.

Principios de Buenas Practicas de Cooperación Regulatoria Internacional

Establecer la estrategia de CRI y su gobernanza

- Desarrollar una política/estrategia de CRI para el gobierno en su conjunto.
- Establecer un mecanismo de coordinación en el gobierno sobre las actividades de CRI para centralizar la información pertinente sobre las prácticas y actividades de CRI y crear un consenso y un lenguaje común.
- Crear un marco propicio para la CRI, es decir, concientizar sobre la CRI, aprovechar las plataformas de cooperación existentes, reducir los prejuicios contra la CRI y crear incentivos para los responsables de la elaboración de políticas y los reguladores.

Integrar la CRI en toda la elaboración de políticas a nivel nacional

- Reunir y confiar en los conocimientos y la experiencia internacionales
- Tener en cuenta los instrumentos internacionales existentes a elaborar la regulación y documentar los motivos para apartarse de ellos

- Evaluar los impactos más allá de las fronteras
- Comprometerse activamente con las partes interesadas extranjeras
- Incorporar la coherencia con los instrumentos internacionales como un principio clave que impulsa el proceso de revisión en la evaluación ex post y en las revisiones de inventario
- Evaluar las necesidades de cooperación *ex ante* para garantizar una aplicación adecuada y facilitar los procedimientos "reconocibles"

Cooperar a nivel internacional (bilateral, plurilateral y multilateral)

- Cooperar con otros países para promover el desarrollo y la difusión de buenas prácticas e innovaciones en materia de política regulatoria y gobernanza
- Contribuir a los foros internacionales que apoyan la cooperación regulatoria
- Utilizar el reconocimiento mutuo en conjunto con instrumentos internacionales
- Alinear las expectativas de CRI en varios instrumentos políticos, incluso en los acuerdos comerciales

Antecedentes y contexto

La Cooperación Regulatoria Internacional (CRI) consiste en promover la interoperabilidad de los marcos legales y regulatorios. Las crisis mundiales nos recuerdan con claridad la importancia de contar con sistemas eficaces de CRI. La crisis financiera de 2008 reveló algunas de las deficiencias en la coordinación internacional de la regulación financiera y sus consecuencias para la estabilidad financiera mundial. Tras ella surgieron diferentes iniciativas de CRI, por ejemplo, en lo que respecta a la regulación y supervisión prudencial de los bancos a nivel mundial (OECD, 2013[1]) o el Marco de Políticas de la OCDE para una Regulación Financiera Eficaz y Eficiente, que fue especialmente importante para ayudar a la convergencia regulatoria en la era posterior a la Crisis Financiera Mundial (OECD, 2010[2]). Más recientemente, la crisis del COVID-19 ha reforzado la importancia de la CRI como elemento fundamental de la política regulatoria. Ha ilustrado la necesidad de una mayor coordinación de las leyes y los reglamentos para apoyar la disponibilidad transfronteriza de bienes de primera necesidad, como los suministros médicos y alimentarios, para promover el intercambio de trabajo, el aprendizaje mutuo y la centralización de los recursos entre los gobiernos para adaptar sus respuestas a la crisis y para mejorar la resiliencia de los marcos regulatorios frente a las perturbaciones.

Los Principios de buenas prácticas de la OCDE sobre cooperación internacional en materia regulatoria (el proyecto de Principios de Buenas Prácticas) buscan a apoyar la implementación de la Recomendación del Consejo de la OCDE sobre Política y Gobernanza Regulatoria [OECD/LEGAL/0390] (la Recomendación de 2012), que anima a los países Miembros y a los no Miembros que se han adherido a ella (en lo sucesivo, Adherentes) a "*Tomar en cuenta, al desarrollar medidas regulatorias, todos los estándares y marcos internacionales de cooperación pertinentes en la misma área y, cuando sea adecuado, los probables efectos que tengan en terceros fuera de su jurisdicción*" (Principio 12). Como tal, Los Principios de Buenas Prácticas brinda a los responsables de la elaboración de políticas y a los funcionarios de los países adherentes una orientación práctica para hacer un mejor uso de la CRI.

Los Principios de Mejores Prácticas tienen como objeto continuar la serie de informes sobre los principios de mejores prácticas para la política regulatoria producidos bajo los auspicios del Comité de Política Regulatoria (CPR) de la OCDE, que proporciona una mayor orientación y elaboración de los principios plasmados en la Recomendación de 2012 (OECD, 2012[3]).[1]

Este documento se basa y sintetiza el trabajo de la OCDE sobre la CRI realizado desde 2011 (Recuadro 1). El trabajo del CPR en este sentido ha tomado varias direcciones, incluyendo la estabilización de las definiciones y los conceptos clave en torno a la CRI; la investigación de los diversos enfoques de la CRI a través de una serie de estudios de sectores específicos (por ejemplo, el sector financiero), áreas de política (por ejemplo, la competencia) o enfoques (por ejemplo, el reconocimiento mutuo), desentrañando la interfaz entre la política reguladora y la política comercial, destacando la contribución de las organizaciones internacionales, así como el análisis de los impulsores nacionales para la incorporación de la CRI en la elaboración de normas a nivel nacional.

Los Principios de Buenas Prácticas proporcionan una lista de elementos o componentes esenciales para promover y fortalecer los esfuerzos de cooperación regulatoria internacional que pueden ser utilizados por los gobiernos interesados. Pretenden adaptarse a la variedad de sistemas jurídicos y culturas administrativas entre la OCDE y los países asociados. Pueden informar a los gobiernos en lo particular, dejando un grado suficiente de flexibilidad para que las administraciones adapten esas políticas según las condiciones locales. También pueden constituir una referencia útil para las iniciativas de orientación práctica y de desarrollo de capacidades de los gobiernos. Se acompañan del desarrollo de otras herramientas, como el Recurso CRI APEC-OCDE, que pretende ofrecer un banco de datos de estudios de casos de CRI y un Compendio de Prácticas de OI.

> **Recuadro 1. Labor del Comité de Política Regulatoria de la OCDE sobre cooperación regulatoria internacional**
>
> La columna vertebral de la labor del Comité de Política Regulatoria de la OCDE sobre la CRI es la Recomendación de 2012, cuyo objetivo es crear y fortalecer la capacidad de la calidad y reforma regulatoria. Para apoyar a los Adherentes en la implementación del Principio 12 de la Recomendación, el Comité de Política Regulatoria de la OCDE ha llevado a cabo un trabajo analítico a profundidad para aclarar el alcance, los beneficios y los desafíos de la CRI. En este sentido, (OECD, 2013[4]) comenzó por establecer una definición de trabajo de CRI y una tipología de las distintas formas en que un país puede abordar la cooperación regulatoria. La tipología distingue 11 enfoques de CRI, desde el más restrictivo (escasa armonización a través de instituciones conjuntas) hasta la forma más ligera de cooperación (intercambio de información). El CPR fue más allá y definió la gama de beneficios y costos/desafíos que cabe esperar de las distintas formas identificadas de CRI (OECD, 2013[4]) (OECD, 2017[5]).
>
> Los documentos posteriores han profundizado en la descripción de los costos y beneficios respectivos a través de la CRI, incluyendo los acuerdos de reconocimiento mutuo (Correia de Brito, Kauffmann and Pelkmans, 2016[6]), la contribución de las buenas prácticas regulatorias (Kauffmann and Basedow, 2016[7]), el papel de los organismos internacionales (OECD, 2016[8]) y de las redes transgubernamentales de reguladores regulators (Abbott, Kauffmann and Lee, 2018[9]), así como explorar la interfaz específica entre la CRI y la política comercial (OECD, 2017[5]). Esta aclaración de la CRI se ha acompañado de estudios de casos ilustrativos en diferentes áreas temáticas (Kauffmann and Saffirio, 2020[10]) (OECD, 2013[11]) (OECD, 2013[1]) (OECD, 2013[12]).
>
> Posteriormente, el trabajo del CPR (OECD, 2013[4]) sobre CRI se ha centrado en dos pilares fundamentales: explorar la inserción de consideraciones internacionales en la elaboración de normas nacionales y comprender la contribución de la elaboración de reglas internacionales a la CRI. El primer pilar ha consistido en identificar las principales prácticas que los responsables de la elaboración de políticas pueden adoptar a nivel nacional para sistematizar la CRI. Esto se exploró incorporando preguntas relevantes en la encuesta de Política y Gobernanza Regulatoria y se reflejó en el *Panorama de la Política Regulatoria 2018* (OECD, 2018[13]), así como a través de la realización de revisiones exhaustivas de México (OECD, 2018[13]) y del Reino Unido (OECD, 2020[14]). Este trabajo ha puesto de manifiesto la importancia de desarrollar un lenguaje común y de catalizar los esfuerzos de las distintas comunidades políticas para fomentar la CRI, incluidas las de supervisión regulatoria, diversos portafolios sectoriales y responsables de la elaboración de políticas comerciales.
>
> El segundo pilar consistió en investigar el papel que desempeñan los organismos internacionales, tal y como se definen en el presente documento, como plataformas de cooperación regulatoria internacional (OECD, 2016[15]) (OECD, 2019[16]), un ámbito en el que hasta la fecha existe poca información comparativa estructurada. En consecuencia, en 2014 se creó un Partenariado de organizaciones internacionales para la elaboración eficaz de las reglas internacionales con el fin de proporcionar un marco para el intercambio de prácticas, la recopilación de datos y el trabajo analítico sobre la eficacia de la elaboración de reglas internacionales. El trabajo ha tratado de analizar las

prácticas de los organismos internacionales en la elaboración de instrumentos internacionales que, a su vez, se utilizan a nivel nacional, así como el papel respectivo de los OI, sus miembros y sus secretariados, para garantizar la calidad de dichos instrumentos.

Fuente: http://www.oecd.org/gov/regulatory-policy/irc.htm.

Nota

[1] Hasta la fecha, la serie incluye directrices sobre las Ventanillas Únicas para los Ciudadanos y las Empresas (2020), la Manifestación de Impacto Regulatorio (MIR), el Conjunto de Herramientas para la Aplicación de la Regulación y las Inspecciones (2018), La Gobernanza de los Reguladores (2014) y la Aplicación de la Regulación y las Inspecciones (2014).

Referencias

Abbott, K., C. Kauffmann and J. Lee (2018), "The contribution of trans-governmental networks of regulators to international regulatory co-operation", *OECD Regulatory Policy Working Papers*, No. 10, OECD Publishing, Paris, https://dx.doi.org/10.1787/538ff99b-en. [9]

Correia de Brito, A., C. Kauffmann and J. Pelkmans (2016), "The contribution of mutual recognition to international regulatory co-operation", *OECD Regulatory Policy Working Papers*, No. 2, OECD Publishing, Paris, https://dx.doi.org/10.1787/5jm56fqsfxmx-en. [6]

Kauffmann, C. and R. Basedow (2016), "The political economy of international co-operation – a theoretical framework to understand international regulatory co-operation (IRC)", OECD, Paris. [7]

Kauffmann, C. and C. Saffirio (2020), "Study of International Regulatory Co-operation (IRC) arrangements for air quality: The cases of the Convention on Long-Range Transboundary Air Pollution, the Canada-United States Air Quality Agreement, and co-operation in North East Asia", *OECD Regulatory Policy Working Papers*, No. 12, OECD Publishing, Paris, https://dx.doi.org/10.1787/dc34d5e3-en. [10]

OECD (2020), *Review of International Regulatory Co-operation of the United Kingdom*, OECD Publishing, Paris, https://dx.doi.org/10.1787/09be52f0-en. [14]

OECD (2019), *The Contribution of International Organisations to a Rule-Based International System: Key Results from the Partnership of International Organisations for Effective Rulemaking*, https://www.oecd.org/gov/regulatory-policy/IO-Rule-Based%20System.pdf. [16]

OECD (2018), *OECD Regulatory Policy Outlook 2018*, OECD Publishing, Paris, https://dx.doi.org/10.1787/9789264303072-en. [13]

OECD (2017), *International Regulatory Co-operation and Trade: Understanding the Trade Costs of Regulatory Divergence and the Remedies*, OECD Publishing, Paris, https://dx.doi.org/10.1787/9789264275942-en. [5]

OECD (2016), *International Regulatory Co-operation: The Role of International Organisations*, OECD Publishing. [8]

OECD (2016), *International Regulatory Co-operation: The Role of International Organisations*, OECD Publishing. [15]

OECD (2013), *International Regulatory Co-operation: Case Studies, Vol. 1: Chemicals, Consumer Products, Tax and Competition*, OECD Publishing, Paris, https://dx.doi.org/10.1787/9789264200487-en. [11]

OECD (2013), *International Regulatory Co-operation: Case Studies, Vol. 2: Canada-US Co-operation, EU Energy Regulation, Risk Assessment and Banking Supervision*, OECD Publishing, Paris, https://dx.doi.org/10.1787/9789264200500-en. [1]

OECD (2013), *International Regulatory Co-operation: Case Studies, Vol. 3: Transnational Private Regulation and Water Management*, OECD Publishing, Paris, https://dx.doi.org/10.1787/9789264200524-en. [12]

OECD (2013), *International Regulatory Co-operation: Addressing Global Challenges*, OECD Publishing, Paris, https://dx.doi.org/10.1787/9789264200463-en. [4]

OECD (2012), *Recommendation of the Council on Regulatory Policy and Governance*, http://www.oecd.org/gov/regulatory-policy/2012-recommendation.htm (accessed on 14 March 2019). [3]

OECD (2010), *Policy Framework for Effective and Efficient Financial Regulation*, OECD Publishing, Paris, http://www.oecd.org/daf/fin. (accessed on 19 March 2021). [2]

1 ¿Por qué es importante la cooperación internacional regulatoria y en qué consiste?

La cooperación regulatoria internacional es un pilar clave de la política regulatoria en un mundo interconectado. Sin embargo, su alcance y potencial a menudo siguen siendo desconocidos para los legisladores y reguladores. Este capítulo tiene como objetivo familiarizar al lector con la CRI. El capítulo explica por qué el Comité de Política Regulatoria de la OCDE considera esencial mejorar la calidad de la reglamentación y describe la gama de mecanismos disponibles para aprovechar el IRC.

¿Por qué es importante la cooperación regulatoria internacional??

Adaptar la legislación y la regulación a un mundo interconectado

En las últimas décadas, la interconexión de los países y la integración de la economía mundial han aumentado drásticamente (Recuadro 1.1), en parte debido a las numerosas revoluciones tecnológicas de los últimos 30 años. El rápido flujo de bienes, servicios, personas y finanzas a través de las fronteras está poniendo a prueba la eficacia y la capacidad de los marcos regulatorios nacionales. Si bien no es algo nuevo, la escala de la globalización, combinada con la desmaterialización que trae consigo la digitalización, cada vez más plantea desafíos a los responsables políticos y a los reguladores contemporáneos que no pueden abordarse de forma aislada.

La escalada de la crisis del COVID-19 hasta convertirse en una pandemia mundial muestra cómo la interconexión puede haber hecho al mundo más vulnerable a las amenazas comunes. Refuerza la necesidad de una acción colectiva en todos los frentes políticos para complementar la acción nacional y hacer frente a la propagación del virus mortal y garantizar el flujo de bienes y servicios esenciales (OECD, 2020[1]).

> ### Recuadro 1.1. La evidencia de un mundo cada vez más interconectado
>
> **Compramos bienes y servicios que provienen de todo el mundo**
>
> La intensidad del comercio mundial se duplicó entre 1990 y 2015 (medida como la proporción del volumen total de exportaciones e importaciones de bienes y servicios en el PIB mundial (OECD, 2017[2]). Hoy en día, los productos cruzan muchas fronteras antes de ser adquiridos por los consumidores de un país determinado (OECD, 2013[3]). Los datos disponibles para la Unión Europea (UE) muestran que las compras transfronterizas han aumentado de solo el 6% de los vendedores de otros estados miembros de la UE (4% para el resto del mundo) en 2008 al 21% (16% para el resto del mundo) en 2018 (OECD, 2019[4]).
>
> Sin embargo, los datos sobre quejas de los consumidores muestran que el aumento de las transacciones transfronterizas en línea va acompañado de un incremento del fraude transfronterizo y de la venta de productos no seguros. En 2018, se notificaron más de 29 000 reclamaciones internacionales en econsumer.gov, un sitio web dedicado a recabar quejas transfronterizas (OECD, 2019[4]).
>
> **Ya no vivimos en el mismo lugar toda la vida y viajamos fácilmente por todo el mundo**
>
> La población total nacida en el extranjero que vive en los países de la OCDE aumentó a 129 millones de personas en 2018. En promedio en todos los países de la OCDE, la población nacida en el extranjero representaba el 13% de la población en 2018, frente al 9.5% en 2000 (OECD, 2019[5]). Uno de cada cuatro estudiantes de 15 años ha nacido en el extranjero o tiene al menos un progenitor nacido en el extranjero (OECD, 2018[6]).
>
> Los viajes internacionales de pasajeros van en aumento en todo el mundo y se prevé que el crecimiento sea mayor en los países en desarrollo. La demanda mundial de viajes por vía aérea seguirá aumentando hasta 2050, con tasas de crecimiento anual compuesto del 3.8%. Los principales motores son el crecimiento económico de las economías en desarrollo y la mejora de la conectividad aérea. La tasa de crecimiento prevista para los pasajeros-kilómetro del transporte aéreo mundial es del 4.5% hasta 2030 y del 3.3% hasta 2050 (ITF, 2019[7]).

> Al mismo tiempo que el aumento de los viajes y el comercio permite a las poblaciones de todo el mundo obtener nuevas oportunidades y mejorar su calidad de vida, el aumento de las interdependencias también puede haber hecho que el mundo sea más vulnerable a las amenazas comunes, como ilustra la rápida escalada de la pandemia de COVID-19 en una crisis económica y social mundial (OECD, 2020[11]). En cuestión de 3 meses, el virus se extendió rápidamente y provocó la detención abrupta de la actividad económica y el confinamiento de miles de millones de ciudadanos en todo el mundo.
>
> **Utilizamos información que proviene de muchos lugares diferentes**
>
> En 2016, alrededor del 83% de la población adulta de los países de la OCDE tenía acceso a internet y el 95% de las empresas registradas en los países de la OCDE tenía conexión a internet de alta velocidad (OECD, 2017[2]). La información sobre las búsquedas en Google y la reproducción de videos en YouTube reveló una tendencia casi universal de los usuarios a acceder cada vez más a contenidos fuera de su propio país. Los datos sobre los pagos de Paypal muestran que el internet facilita la realización de importantes transferencias financieras transfronterizas a diario (OECD, 2016[8]). La Evaluación de Impacto de la Comisión Europea que acompaña al Reglamento de la UE sobre las órdenes europeas de presentación y conservación de pruebas electrónicas en materia penal destacó que más de la mitad de las investigaciones implican una solicitud transfronteriza de acceso a pruebas [electrónicas] (SWD/2018/118 final).
>
> Al mismo tiempo, la información que cruza las fronteras gracias a las plataformas en línea conlleva nuevos riesgos. Personas, grupos y gobiernos han utilizado las plataformas en línea para difundir información errónea en todo el mundo, para propagar falsedades y propaganda con diversos objetivos, entre los que se encuentra el dividir a las sociedades, influir en las elecciones, obtener beneficios económicos y reclutar fuentes de inteligencia. Las crecientes capacidades de la IA y el análisis de grandes datos permiten propagar, adaptar y orientar la desinformación para que influya en las opiniones y los resultados de forma más rápida y eficaz, lo que exige enfoques concertados por parte de los gobiernos (OECD, 2019[9]).

La razón de ser de la CRI

En este contexto, la CRI puede considerarse una estrategia necesaria para cerrar la brecha entre el carácter nacional de la elaboración de normas y la dimensión cada vez más internacional de las cuestiones que las leyes y los reglamentos pretenden abordar. Como se destaca en (OECD, 1994[10]) y (OECD, 2013[11]), la internacionalización de la regulación a través de la cooperación no es nueva. Los acuerdos prácticos de cooperación en materia de leyes y reglamentos se han multiplicado en todas las jurisdicciones y se ha creado una serie de foros - sectoriales o regionales - para apoyar el diálogo sobre las normas. Sin embargo, a excepción de algunos ejemplos sistémicos emblemáticos como la Unión Europea o el Acuerdo de Reconocimiento Mutuo Trans-Tasman, la cooperación ha seguido en su mayor parte un camino de menor resistencia, con poca sistematicidad y visión estratégica global. En este contexto, (OECD, 2013[11]) señala que lo que puede faltar es un marco analítico que sustente una comprensión más clara de los beneficios, los costos y los factores de éxito de las diversas opciones de CRI.

Ante la falta de datos sobre los beneficios y los costos de la CRI y el cambio de lenguaje, la OCDE se esforzó por recopilar pruebas y desarrollar el trabajo analítico para apoyar la elaboración de normas. Este trabajo ha permitido tipificar la CRI, en particular definiendo a grandes rasgos tres resultados principales que se pueden esperar:

1. **Eficacia regulatoria** — En un contexto en el que los marcos regulatorios nacionales tienen un alcance limitado, la CRI puede permitir que se aborden los retos más allá de la jurisdicción de un único regulador, en el nivel (supranacional) en el que puedan producirse.

2. **Eficiencia económica** — La CRI puede limitar las fricciones indebidas en los flujos internacionales que los responsables de la elaboración de políticas y los reguladores pueden generar al elaborar y aplicar leyes y reglamentos sin tener en cuenta el entorno internacional.
3. **Eficiencia administrativa** — La CRI puede ayudar a los países a reunir estrategias y recursos para cuestiones que pueden abordarse a nivel nacional pero que pueden beneficiarse de las estrategias internacional.

La crisis del COVID-19 ha reforzado este razonamiento y ha hecho especialmente evidentes las áreas en las que la CRI es necesaria para lograr resultados normativos satisfactorios. En consonancia con la justificación general de la CRI, la crisis ha demostrado el papel fundamental de la CRI para facilitar la interoperabilidad de los servicios y las actividades transfronterizas, para apoyar la resistencia de las cadenas de suministro y permitir la disponibilidad de bienes de primera necesidad, como los suministros médicos y alimentarios, así como para promover el intercambio de trabajo, el aprendizaje mutuo y la centralización de los recursos entre los gobiernos para adaptar política regulatoria para enfrentar la crisis. Estas necesidades específicas en el contexto del COVID-19 han hecho evidente que la CRI es un elemento importante de la reforma estructural regulatoria, esencial para incorporar la capacidad de recuperación en los marcos regulatorios y hacer frente a las perturbaciones actuales y futuras (incluidas las catástrofes naturales, las perturbaciones externas, la tecnología disruptiva, etc.) (OECD, 2020[1]).

Vale la pena señalar que los fundamentos de la CRI pueden ser relevantes en varios niveles jurisdiccionales. En particular, la relevancia de la CRI y los resultados esperados pueden aplicarse igualmente a la cooperación regulatoria entre los niveles subnacionales de gobierno en los estados federales u otras jurisdicciones nacionales y supranacionales donde los poderes regulatorios significativos pueden estar en los niveles inferiores de gobierno.

Eficacia regulatoria

La CRI permite a los países abordar los desafíos regulatorios al nivel en que se producen. El cambio climático, la evasión y elusión fiscal, la inestabilidad de los mercados financieros, las pandemias, la contaminación transfronteriza o los flujos migratorios son cuestiones complejas y multidimensionales de naturaleza intrínsecamente transnacional. Estos son sólo algunos ejemplos de retos políticos en los que la actuación unilateral o descoordinada puede conducir a fracasos rotundos, ya que la capacidad de los países para abordarlos eficazmente sólo mediante la regulación nacional es limitada. No abordar estos retos puede ser extremadamente costoso para los gobiernos, las sociedades y los ciudadanos. Por el contrario, hay ejemplos sorprendentes de cómo los enfoques y las normas conjuntas entre países pueden tener efectos tangibles en sectores clave (Recuadro 1.2).

Recuadro 1.2. Cooperación internacional regulatoria en acción

- **Erradicar la viruela mediante una acción colectiva dirigida por la OMS.** La viruela era una enfermedad mortal que mataba a millones de personas. En el siglo XIX, varios países desarrollaron una vacuna; sin embargo, resultó ineficaz, ya que los viajeros solían propagar la enfermedad. A finales de la década de 1950, en el seno de la OMS se acordó un programa mundial coordinado para luchar contra la enfermedad (OECD/WHO, 2016[12]). Finalmente, en 1980, la OMS anunció que la viruela había sido erradicada.
- **Preservar la capa de ozono gracias a un protocolo entre 46 países.** El Protocolo de Montreal relativo a las sustancias que agotan la capa de ozono (1987), uno de los tratados multilaterales de mayor éxito en la historia de las Naciones Unidas, condujo a la reducción de más del 97% de todo el consumo mundial de sustancias controladas que agotan la capa de ozono.

- **Limitar la evasión fiscal gracias a la estrecha cooperación entre las autoridades fiscales.** El Foro Global de la OCDE sobre Transparencia e Intercambio de Información con Fines Fiscales ha cambiado el paradigma de la transparencia en materia fiscal, al introducir el intercambio automático de información entre administraciones fiscales. Esto se facilita a través del Modelo de Convenio Tributario de la OCDE (OECD, 2013[13]), que permite coordinar las normas fiscales acordadas a nivel internacional y ha sido el fundamento de cerca de 3 500 tratados fiscales bilaterales.

- **Evitar la guerra regulatoria mediante políticas coordinadas de cuentas de capital**: los controles de capital establecidos por los distintos países tienen efectos generalizados en la dinámica de los flujos de capital en otras economías ((Pasricha et al., 2018[14]), (Giordani, Ruta and Zhu, 2017[15]), (Gori, Lepers and Mehigan, 2020[16])). A su vez, estos efectos indirectos aumentan la probabilidad de nuevos controles de capital en la economía afectada ((Pasricha et al., 2018[14]), (Gori, Lepers and Mehigan, 2020[16])). Dado que los países recurren cada vez más a los controles de capital unilaterales en un contexto de flujos volátiles (Blanchard, 2017[17]), las reacciones políticas a un primer actor pueden degenerar en "guerras regulatorias". (Jeanne, 2014[18]); (Pereira Da Silva and Chui, 2017[19])), por lo que a fin de cuentas el resultado es un equilibrio por debajo del nivel óptimo para el bienestar global. En este contexto, una mayor coordinación internacional de las políticas de cuenta de capital puede mitigar estas externalidades negativas, mediante acuerdos que especifiquen el uso adecuado de los instrumentos de flujo de capital. El Código de la OCDE sobre liberación de movimientos de capital (OECD, 2020[20]), introducido en 1961 y revisado recientemente en 2019, es un ejemplo de ello, ya que aporta un proceso establecido y probado para el diálogo y la cooperación internacionales transparentes sobre las políticas de gestión de los flujos de capital.

- **Esfuerzos conjuntos de cooperación para frenar la contaminación atmosférica transfronteriza.** El Acuerdo sobre la Calidad del Aire Canadá-Estados Unidos de 1991 es un marco flexible que incluye objetivos de reducción de las emisiones de contaminantes atmosféricos específicos y establece compromisos para armonizar la normatividad en áreas clave. El instrumento ha contribuido a reducir la lluvia ácida y el ozono troposférico así como a impulsar la cooperación científica y técnica conjunta en materia de contaminación atmosférica transfronteriza en ambos países (Kauffmann and Saffirio, 2020[21]).

- **Detección temprana de enfermedades en animales para proteger la salud y el bienestar de los animales y su propagación a los seres humanos.** Como se ilustra en el Estudio de Apoyo a un Futuro Observatorio de la Aplicación de Normas de la OIE (OECD, 2020[22]), la Organización Mundial de Sanidad Animal trata de detectar y divulgar la situación de las enfermedades animales en el mundo, incluidas las enfermedades compartidas entre animales y humanos (zoonosis). Esto es de suma relevancia ya que el 60% de los patógenos que afectan a los humanos son de origen animal. A través de una herramienta de notificación en línea, el Sistema Mundial de Información Zoosanitaria (WAHIS), 182 Países Miembros de la OIE hacen pública la información sobre las enfermedades animales en su país en tiempo real, así como las medidas adoptadas para controlar dichas enfermedades. El resultado que se espera de este mecanismo compartido es la detección y prevención tempranas de enfermedades animales que pueden propagarse rápidamente dentro de los países y entre ellos y degenerar en crisis internacionales, y potencialmente mundiales.

- **Mejorar la calidad del agua, la fauna y la flora y prevenir las inundaciones en torno al río Rin**: La cooperación promueve, entre otras cosas, el desarrollo sostenible del ecosistema del Rin, la producción de agua potable del Rin y la prevención de inundaciones. Creada originalmente entre Suiza, los Países Bajos, Francia, Alemania y Luxemburgo, el Convenio de Berna de 1963 le dio un fundamento jurídico. La cooperación se revisó posteriormente y se amplió a Austria, Liechtenstein, Italia y la región belga de Valonia. La cooperación tiene lugar

> en el marco de la Comisión Internacional para la Protección del Rin. Adopta la forma de recopilación conjunta de datos/investigación, medidas comunes, coordinación de los sistemas de alerta, así como el seguimiento y evaluación conjuntos de las medidas. Gracias a esta estrecha cooperación entre los países que comparten el río, la calidad del agua ha mejorado considerablemente y el 96% de la población está conectada a una planta de tratamiento de aguas residuales. El número de especies animales y vegetales que viven en el río ha aumentado y se han aplicado medidas de prevención de inundaciones (OECD, 2013[23]).

Eficiencia económica

Regular sin tener en cuenta el contexto internacional puede dar lugar a una fragmentación normativa innecesaria entre países. Aunque las leyes y reglamentos subyacentes no aborden cuestiones transfronterizas, sus divergencias entre jurisdicciones pueden resultar costosas para las empresas, los ciudadanos y los gobiernos. Hay ámbitos en los que las diferencias normativas están justificadas por las distintas preferencias de los consumidores o las condiciones específicas de cada país (geográficas o de otro tipo). Sin embargo, hay casos en los que las divergencias en la regulación son puramente el resultado de prácticas regulatorias poco transparentes y de reguladores que trabajan de forma aislada. En estos casos, algunos de los costos innecesarios de las divergencias regulatorias pueden abordarse para limitar las fricciones en los flujos internacionales - comercio, inversión, capital u otros.

La investigación de la OCDE muestra que, por ejemplo, los costos para los comerciantes pueden ubicarse en una de estas tres categorías (OECD, 2017[24]): 1) los costos de identificar los requisitos regulatorios pertinentes, 2) los costos de adaptar sus procesos de producción para cumplirlos y 3) los costos de demostrar la conformidad a una diversidad de administraciones en varias jurisdicciones (Gráfica 1.1).

Gráfica 1.1. Costos comerciales relacionados con la heterogeneidad para productores y comerciantes

Fuente: OECD (2017), "International Regulatory Co-operation and Trade: Understanding the Trade Costs of Regulatory Divergence and the Remedies", OECD Publishing, Paris, https://dx.doi.org/10.1787/9789264275942-en.

En el sector financiero, se "percibe" que las divergencias normativas cuestan a las instituciones financieras entre el 5 y el 10% de su volumen de negocios anual (unos 780 000 millones de dólares al año), siendo los resultados financieros de las empresas más pequeñas los más afectados.[1]

Eficiencia administrativa

El IRC mejora las capacidades de los reguladores nacionales a través del aprendizaje entre pares, el intercambio de recursos y la capacidad de beneficiarse de las pruebas/experiencia existentes, en lugar de hacerlo a través de la recopilación de inteligencia internacional (Recuadro 1.3). La regulación requiere conocimientos y recursos importantes para reunir las pruebas pertinentes y una infraestructura reguladora que funcione para el desarrollo y la implementación de las normas. Cada vez es más difícil que los países y sus reguladores tengan esta experiencia a su alcance. Sin embargo, la complejidad de los desafíos contemporáneos hace que los regímenes reguladores eficaces y eficientes basados en la ciencia y en pruebas sólidas sean más cruciales que nunca. Cuando los reguladores de diferentes jurisdicciones cooperan, pueden compartir su experiencia, conocimientos y recursos, aumentar el conjunto de pruebas y prácticas que pueden aprovechar, confrontar sus opciones políticas y aprender las lecciones de las jurisdicciones con un historial, reduciendo así los costos generales de una buena regulación. Además, la coordinación en la implementación puede contribuir a que se garantice la coherencia en la aplicación y evitar el arbitraje regulatorio (OECD, 2010[25]).

> **Recuadro 1.3. Ejemplos de aumento de la eficiencia administrativa a partir de la CRI**
>
> **Aceptación mutua de los datos de la OCDE (MAD)**
>
> Por ejemplo, la aceptación mutua de los datos de la OCDE (MAD) [OECD/LEGAL/0194 and OECD/LEGAL/0252] ayuda a ahorrar más de 309 millones de euros al año gracias a la reducción de los ensayos químicos y a la armonización de las herramientas y políticas de seguridad química en todas las jurisdicciones (OECD, 2019[26]). La cooperación ha aportado beneficios para la salud y el medio ambiente, ya que los Adherentes pueden evaluar y gestionar más sustancias químicas de lo que harían si trabajaran de forma independiente, y representa un caso poco frecuente en el que se han evaluado cuantitativamente los beneficios y los costes de la cooperación regulatoria internacional, lo que demuestra la forma en que esta cooperación puede favorecer la eficiencia administrativa.
>
> **Convención Multilateral para Aplicar las Medidas Relacionadas con los Tratados Fiscales para Prevenir la Erosión de las Bases Imponibles y el Traslado de los Beneficios (MLI)**
>
> Convención Multilateral para Aplicar las Medidas Relacionadas con los Tratados Fiscales para Prevenir la Erosión de las Bases Imponibles y el Traslado de los Beneficios (MLI) que entró en vigor en julio de 2018 permitió a las partes transponer los resultados del Proyecto de Erosión de las Bases Imponibles y el Traslado de Beneficios (BEPS) de la OCDE/G20 a más de 1 650 tratados en materia fiscal en todo el mundo. El MLI ahorra a los gobiernos múltiples negociaciones y renegociaciones bilaterales para aplicar los cambios en los tratados fiscales necesarios como resultado de las medidas acordadas en el marco del BEPS. El MLI cuenta actualmente con 95 signatarios o partes de todos los continentes y todos los niveles de desarrollo.
>
> **Agencia Europea de Medicamentos (EMA)**
>
> El sistema europeo de regulación de medicamentos se basa en una red de aproximadamente 50 autoridades regulatorias de los 31 países del Espacio Económico Europeo, la Comisión Europea y la Agencia Europea de Medicamentos (EMA). La EMA colabora con los organismos nacionales en la regulación y autorización de medicamentos y productos sanitarios y en el control de su seguridad. Basado en el sistema único de regulación de la UE para los productos farmacéuticos, los Estados miembros de la UE intercambian información confidencial y los resultados de las inspecciones realizadas por cualquiera de ellos son reconocidos automáticamente por todos. Según la EMA, este sistema normativo ofrece, entre otras, las siguientes ventajas:
>
> - Permite a los Estados miembros aportar recursos y conocimientos y coordinar el trabajo para regular los medicamentos. En 2019, por ejemplo, la EMA recomendó la autorización de 66 nuevos medicamentos para uso humano;

- Reduce la carga administrativa mediante el procedimiento de autorización centralizado, lo que ayuda a que los medicamentos lleguen a los pacientes con mayor rapidez;
- Acelera el intercambio de información sobre cuestiones importantes, como la seguridad de los medicamentos.

Fuente: (OECD, 2013[13]) and *"Information Brochure: Multilateral Convention to Implement Tax Treaty Related Measures to Prevent BEPS"*, OECD, 2020, disponible en www.oecd.org/tax/treaties/multilateral-instrument-BEPS-tax-treaty-information-brochure.pdf, (OECD, 2013[11]), (OECD, 2020[27]), www.ema.europa.eu/en/about-us/how-we-work/european-medicines-regulatory-network and www.ema.europa.eu/en/documents/annual-report/2019-annual-report-european-medicines-agency_en.pdf.

Identificar las oportunidades para la CRI

Aunque se puede argumentar que un nivel mínimo de "conciencia internacional" es esencial para garantizar la calidad de la elaboración de normas a nivel nacional, las formas más sólidas de CRI requieren algo más que conciencia y no son gratuitas. Los esfuerzos y la inversión que se necesita para su desarrollo y mantenimiento, así como sus costos y posibles efectos secundarios negativos, deben evaluarse frente a los beneficios esperados (por muy esenciales que sean) para tomar una decisión informada de cooperación. Es aún más importante identificar una serie de formas que puede adoptar la CRI (véase la sección 3), con diversos beneficios y costos.

En términos generales, y en consonancia con la justificación de la CRI que se describe anteriormente, la investigación de la OCDE muestra que los beneficios de la CRI pueden entenderse como un conjunto de cuatro dimensiones: 1) las ganancias económicas derivadas de la reducción de los costos de la actividad económica y el aumento del comercio, la inversión y los flujos financieros; 2) los avances en la gestión de los riesgos y las externalidades a través de las fronteras; 3) la eficiencia administrativa derivada de una mayor transparencia y del reparto del trabajo entre los gobiernos y las autoridades públicas; así como 4) el flujo de conocimientos y el aprendizaje entre pares derivados de la cooperación.

A su vez, los posibles costos y obstáculos de la CRI están relacionados con: 1) las cargas y los recursos que conlleva el desarrollo y el mantenimiento de la operación conjunta; 2) el alejamiento del "óptimo" regulatorio propio de una jurisdicción y las rigideces que puede generar la operación conjunta; 3) la pérdida de soberanía (real o percibida) concomitante a la creación de consenso y a otros retos que plantea la economía política de la cooperación y 4) los cuellos de botella en la aplicación.

Tanto los beneficios como los costeos/retos previstos de la CRI se explican con más detalle en (OECD, 2013[11]). También se reducen en función del tipo de CRI que se considere; de hecho, tanto las ganancias en términos de eficacia regulatoria y eficiencia económica y administrativa como las cargas, los retos y la resistencia que se pueden encontrar dependen en gran medida de los tipos de enfoques de CRI que se consideren. El Anexo A resume las conclusiones de (OECD, 2013[11]). A fin de cuentas, el hecho de que los beneficios superen a los costos en casos concretos dependerá de varios elementos, como el sector de interés, las características de los países implicados en la asociación y el enfoque de cooperación que se considere. Para complicar aún más la evaluación de los beneficios y los costos, es posible que los países no puedan apropiarse fácilmente de algunos de los beneficios y, aunque la CRI puede ser benéfica en general, la asignación de las ganancias puede variar según las jurisdicciones.

Independientemente de la complejidad, las investigaciones de la OCDE sugieren que la CRI es una característica necesaria de las políticas exitosas en áreas que comparten ciertas características (OECD, 1994[10]), en especial:

1. Áreas que son esencialmente científicas, basadas en hechos irrefutables (por ejemplo, las pruebas químicas) y que se benefician de metodologías compartidas;
2. Áreas que implican "bienes" o "males" globales en las que los problemas tienen una naturaleza transfronteriza intrínseca y no pueden ser resueltos por los gobiernos de forma individual, como el calentamiento global, la contaminación atmosférica, la banca y las finanzas, las pandemias, entre otros; y
3. Ámbitos en los que existe un fuerte incentivo para cooperar, por ejemplo, una motivación comercial o económica inequívoca (normalmente el comercio, la inversión internacional o los mercados financieros) o en los que los países pueden beneficiarse de compartir información (ámbitos de la salud y la seguridad) y en los que los elementos para disuadir la cooperación son limitados o pueden gestionarse (por ejemplo, la posibilidad de "parasitismo", es decir, que algunos países obtengan los beneficios sin incurrir en el costo de cooperar, por ejemplo).

Hay una serie de factores clave que impulsan la CRI, como la proximidad geográfica, la interdependencia económica y la madurez de la política regulatoria de los socios, que dan forma a estos esfuerzos de CRI, ya sea mejorando o creando obstáculos para su aplicación efectiva (Recuadro 1.4). Además, el éxito de la CRI también está sujeto a consideraciones de economía política nacional, como la existencia de un compromiso de alto nivel en todo el ciclo político para colaborar con otros países, la voluntad de desplegar recursos en el impulso de la cooperación regulatoria y la creación de capacidades técnicas para estos efectos, entre otros.

Recuadro 1.4. Impulsores de la CRI

Hay una serie de factores que promueven, obstaculizan y dan forma a los esfuerzos de la CRI. Estas hipótesis pueden informar a los responsables de la elaboración de políticas que reflexionan sobre cuándo, cómo y con quién participar en la CRI. No obstante, no representan reglas estáticas sobre la economía política de la CRI y pueden ser más o menos pertinentes según el sector o la cuestión política que se aborde.

- Proximidad geográfica: la proximidad geográfica puede aumentar la necesidad y la probabilidad de la cooperación y la CRI debido a los desafíos comunes, así como a las visiones del mundo y preferencias potencialmente (pero no sistemáticamente) similares.
- Interdependencia económica: es probable que los elevados volúmenes comerciales y otras interdependencias económicas aumenten la probabilidad de cooperación para fijar un cierto nivel de apertura normativa y reducir los costos comerciales mediante el desmantelamiento de las divergencias regulatorias innecesarias.
- Propiedades económicas de los socios: el tamaño económico respectivo de los socios puede influir en su capacidad respectiva para imponer su propio enfoque. Desde este punto de vista, los datos demuestran que la CRI es más sencilla entre economías de distinto tamaño, en las que hay obvios "creadores de normas" y "cumplidores de normas", que entre economías de tamaño y expectativas normativas similares. En estos casos, la disponibilidad de instrumentos internacionales puede facilitar la CRI al ofrecer un apoyo común fuera de los dos socios.
- Naturaleza del ámbito regulado: la sensibilidad política de las medidas sujetas a regulación - es decir, sus niveles de riesgo inherentes o su naturaleza social y económica- puede afectar significativamente a la probabilidad de que se produzca la CRI. La CRI sobre medidas políticamente sensibles debería ser más difícil que la CRI sobre medidas menos sensibles. Dependiendo del sector, también puede haber más o menos competencia interestatal y una dinámica de parasitismo que dificulte la CRI.

- Proximidad y madurez de la gobernanza regulatoria nacional: factores como la proximidad de los sistemas y prácticas de elaboración de normas y el patrimonio jurídico y cultural compartido pueden aumentar la confianza de los socios en sus respectivos marcos y, por tanto, incentivar a los reguladores a cooperar. El éxito de la CRI también depende de la madurez de la política regulatoria y la gobernanza respectivas de los socios, incluida la transparencia de la gobernanza regulatoria, la capacidad de los Estados para hacer cumplir la regulación y el compromiso con la CRI a nivel nacional. Todos estos son factores que pueden aumentar la confianza de los reguladores en la capacidad de sus pares en jurisdicciones extranjeras para mantener sus normas de regulación a través de las fronteras

Fuente: Elaborado con base en Basedow and Kauffmann (2016), "The Political Economy of International Regulatory Co-operation: A theoretical framework to understand international regulatory co-operation", OECD, Paris, unpublished Working Paper (Kauffmann and Basedow, 2016[28]).

Gráfica 1.2. Lista de comprobación de la CRI

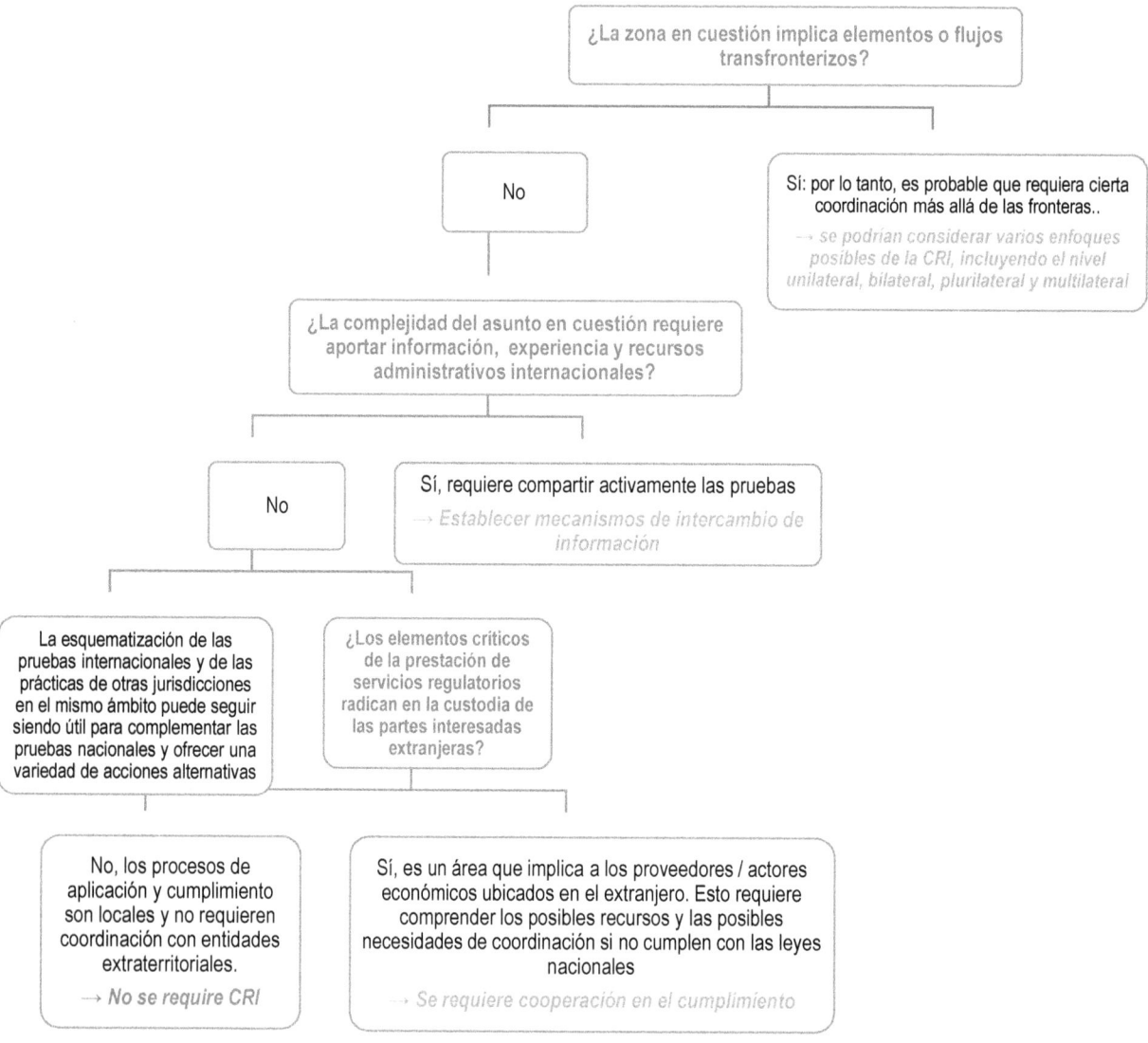

Fuente: Elaboración propia del autor.

Partiendo de estas diversas características, es posible ayudar a los responsables políticos a navegar por las complejidades de la CRI y decidir sobre la pertinencia de la CRI en su propio ámbito con el apoyo de una lista de comprobación sintética de las consideraciones clave a tener en cuenta. Aunque esta lista de comprobación puede requerir un mayor desarrollo y podría convertirse en una herramienta de decisión independiente, podría estructurarse un árbol de decisiones simple en torno a las siguientes preguntas clave:

- ¿La zona en cuestión tiene características o flujos transfronterizos?
- ¿La complejidad del asunto en cuestión requiere la aportación de inteligencia, experiencia y recursos administrativos internacionales?
- ¿Los elementos críticos de la prestación de servicios regulatorios están bajo la custodia de las partes interesadas extranjeras?

La decisión de participar en la CRI y el tipo de CRI a considerar dependerían entonces de las respuestas dadas a estas preguntas, un proceso que se sintetiza en el siguiente diagrama de flujo (Gráfica 1.2).

¿Qué es la cooperación regulatoria internacional?

Definición y terminología

La Cooperación Reguladora Internacional (CRI) consiste en promover la interoperabilidad de los marcos legales y reguladores. Con base en (OECD, 2013[11]), su definición abarca "Cualquier acuerdo o arreglo organizacional, formal o informal, entre países para promover alguna forma de cooperación en el diseño, la supervisión, la aplicación o la gestión ex-post de la regulación". Esto coincide con la definición adoptada en varios países (Recuadro 1.5).

Esta amplia definición tiene varias implicaciones:

- Primero, **la CRI no se limita a su estricta equivalencia con las obligaciones legales internacionales, sino que también incluye acuerdos no vinculantes y enfoques voluntarios**. Esto queda ejemplificado por la amplia gama de actividades de apoyo a la creación de consenso y a la elaboración conjunta de normas que llevan a cabo los organismos internacionales, así como por la variedad de instrumentos internacionales que elaboran, la mayoría de los cuales no son jurídicamente vinculantes, y que conforman el ecosistema internacional de normas (OECD, 2019[29]). También lo ilustra la multiplicidad de iniciativas bilaterales o plurilaterales, no vinculantes y voluntarias, que existen entre los reguladores de diferentes jurisdicciones apoyadas por Memorandos de Entendimiento.[2]

- **En segundo lugar, la CRI no se limita a la fase de diseño del ciclo de gobernanza regulatoria, sino que incluye de manera importante la parte posterior de la aplicación, el cumplimiento y la gestión *ex post* de la regulación.** Hay varios ejemplos de ello, como el Consejo de Cooperación Regulatoria Canadá-Estados Unidos (RCC) (OECD, 2013[30]), lo que demuestra que incluso cuando los objetivos de políticas y las normas pueden estar bastante armonizados, pueden surgir fricciones derivadas de procedimientos de aplicación divergentes que deben abordarse mediante debates continuos. El caso de la aplicación del Derecho de la Competencia (OECD, 2013[13]) también demuestra la importancia del intercambio de información y la cooperación en la reparación de los casos de competencia, un ámbito en el que la cooperación internacional en materia de aplicación de la ley ha aumentado desde 2012, gracias al impulso de foros internacionales como la OCDE y la Red Internacional de Competencia (OECD/ICN, 2021[31]). Del mismo modo, la cooperación en materia de aplicación de la ley resulta esencial también en el ámbito de la seguridad de los consumidores, ya que suele facilitar la aplicación de las cuestiones relativas a la seguridad de los productos en todas las jurisdicciones (OECD, 2013[13]) (OECD, Forthcoming[32]).

- **El énfasis en la "cooperación" dentro de la definición no debe ocultar o minimizar la importancia crítica de la acción unilateral** para promover la interoperabilidad de los marcos regulatorios y la coherencia normativa a nivel internacional, así como establecer bases sólidas para la colaboración entre jurisdicciones en materia regulatoria. De ahí la consideración de los enfoques unilaterales en la tipología de los instrumentos de CRI en el trabajo de la OCDE en este ámbito, que sigue de cerca los esfuerzos paralelos de varios países.[3] Estas acciones unilaterales pueden implicar la adopción directa de las regulaciones o el reconocimiento de los resultados o decisiones regulatorias de otra jurisdicción o de las reglas internacionales, o la aplicación de las disciplinas regulatorias que presionarán hacia una mayor coherencia regulatoria. Como tales, contribuyen directamente a los objetivos de la CRI, es decir, a facilitar la interoperabilidad reglamentaria para alcanzar los objetivos políticos.

> **Recuadro 1.5. Definiciones de países seleccionados sobre la cooperación internacional regulatoria**
>
> Varios países ofrecen una definición de cooperación internacional regulatoria y la publican en sus sitios web.
>
> **Canadá** (Junta del Tesoro): La cooperación regulatoria es un proceso en el que los gobiernos colaboran para:
>
> - reducir las diferencias regulatorias innecesarias;
> - eliminar la duplicación de requisitos y procesos;
> - armonizar o alinear las regulaciones;
> - compartir información y experiencias; y
> - adoptar estándares internacionales.
>
> La cooperación en materia regulatoria se aplica a una diversidad de actividades regulatorias, como la elaboración de políticas, inspecciones, certificación, adopción y elaboración de normas y aprobación de productos y pruebas.
>
> **Nueva Zelanda** (Ministerio de Negocios, Innovación y Empleo): La cooperación regulatoria internacional consiste en las distintas formas en que los reguladores de diferentes países colaboran para comentar, desarrollar, gestionar o hacer cumplir las regulaciones.
>
> **Estados Unidos** (Orden Ejecutiva 13609 del 1 de mayo de 2012): La "cooperación regulatoria internacional" se refiere a un proceso bilateral, regional o multilateral... en el que los gobiernos nacionales participan en diversas formas de colaboración y comunicación con respecto a las regulaciones, en particular un proceso que razonablemente se prevé que conduzca al desarrollo de regulaciones significativas.
>
> Además de estas definiciones genéricas de CRI, varios acuerdos comerciales con capítulos dedicados a la política regulatoria y a la cooperación proporcionan definiciones de trabajo de CRI adoptadas únicamente a efectos del acuerdo. Estas definiciones no son directamente comparables, ya que reflejan el diferente alcance y enfoque de cada capítulo.
>
> **Acuerdo entre Nueva Zelanda y Singapur sobre el Estrechamiento de la Asociación Económica (Actualización CEP):** "Por actividades de cooperación regulatoria se entienden los esfuerzos entre las Partes para mejorar la cooperación en materia regulatoria con el fin de promover los objetivos de las

políticas nacionales, mejorar la eficacia de la regulación nacional ante el aumento de la actividad transfronteriza y promover el comercio y la inversión internacionales, el crecimiento económico y el empleo".

Tratado entre México, Estados Unidos y Canadá (T-MEC): "Cooperación regulatoria significa un esfuerzo entre dos o más Partes para prevenir, reducir o eliminar las diferencias normativas innecesarias para facilitar el comercio y promover el crecimiento económico, al tiempo que se mantienen o mejoran las normas de salud y seguridad públicas y protección ambiental".

Fuente:www.whitehouse.gov/sites/whitehouse.gov/files/omb/inforeg/inforeg/eo_13609/eo13609_05012012.pdf; www.canada.ca/en/treasury-board-secretariat/services/regulatory-cooperation/learn-about-regulatory-cooperation.html; www.mbie.govt.nz/cross-government-functions/regulatory-stewardship/international-regulatory-cooperation; y (Kauffmann and Saffirio, 2021[33]).

La CRI se ha convertido en una dimensión crítica de la calidad y la eficacia de la regulación, como lo demuestra la inclusión de un principio sobre la CRI en la Recomendación de 2012 (OECD, 2012[34]). En las dos o tres décadas pasadas, en un contexto de reducción continua de los aranceles y de aumento de las cadenas mundiales de valor, los responsables de la elaboración de políticas comerciales también han prestado mayor atención a los costos que suponen para los comerciantes las medidas no arancelarias (MNA) y las divergencias normativas entre jurisdicciones. En este sentido, las diferentes herramientas de política regulatoria, incluyendo la CRI, están integrados en el contexto de la OMC, en particular en los marcos de la OMC sobre Obstáculos Técnicos al Comercio (OTC) y la Aplicación de Medidas Sanitarias y Fitosanitarias (MSF) (OECD/WTO, 2019[35]) (OECD, 2017[24]) y cada vez más como capítulos horizontales en los acuerdos comerciales bilaterales y regionales (Kauffmann and Saffirio, 2021[33]). Sin embargo, la terminología varía en cierta medida en función de los actores que la discuten y de los objetivos que persigue (Recuadro 1.6).

La CRI abarca una multiplicidad de enfoques, que están unidos por su enfoque en la mejora de la interoperabilidad de las leyes, reglamentos y marcos regulatorios. Esto incluye una serie de actividades "más sencillas" que van más allá de la elaboración de normas, como el intercambio de información y la participación en foros internacionales, que constituyen los elementos básicos de la elaboración de normas y la cooperación regulatoria. Sin embargo, es importante separar la CRI de las otras formas de cooperación múltiples que pueden existir. Particularmente, quedan excluidas de la definición de CRI las formas de cooperación que no se relacionan ni apoyan el proceso de elaboración de normas, como las que implican la aportación de ayuda al desarrollo, la financiación de proyectos o la creación de capacidades.

Recuadro 1.6. Política regulatoria, buenas prácticas regulatorias y cooperación internacional regulatoria: tender puentes lingüísticos entre los responsables de la elaboración de políticas regulatorias y comerciales

A pesar de los intereses comunes en mejorar la eficacia y la eficiencia de la regulación, la comunidad regulatoria y la comunidad de la política comercial tienden a utilizar un lenguaje y unas herramientas diferentes en relación con sus respectivos mandatos y ámbito de actividades. Esto se aplica a la propia agenda general, como demuestran los ejemplos de lenguaje en el Cuadro 1.1, así como para las herramientas individuales de la política regulatoria.

Cuadro 1.1. Terminología utilizada en relación con la política regulatoria

OCDE	Comité OTC OMC	Otros términos utilizados en los países
Calidad regulatoria	Buenas prácticas regulatorias	Mejor regulación
Reforma regulatoria		Regulación inteligente
Política regulatoria		Desregulación de la adecuación regulatoria
		Reducción de trámites
		Gestión regulatoria
		Gobernanza regulatoria
		Mejora regulatoria
		Coherencia regulatoria
		Simplificación

Fuente: adaptado de (OECD, 2015[36]).

En el contexto de la OMC, los Acuerdos MSF y OTC tienen por objeto garantizar que las regulaciones técnicas, los procedimientos de evaluación de la conformidad, las normas y las medidas sanitarias y fitosanitarias sean transparentes, no discriminatorias y no den lugar a obstáculos innecesarios al comercio. Aunque las BPR y la calidad regulatoria no se mencionan explícitamente en estos Acuerdos, comúnmente se hace referencia a las BPR en los trabajos de los Comités OTC y MSF. El Comité OTC ha reconocido la importancia de las BPR para reducir los obstáculos técnicos al comercio, mediante "una aplicación mejor y más eficaz de las obligaciones sustantivas del Acuerdo OTC".[1]

En el contexto del Acuerdo OTC, la cooperación regulatoria tiene por objeto limitar los costos derivados de las divergencias en las regulaciones de los productos entre los países, respetando al mismo tiempo las diferencias en los objetivos regulatorios. En el Comité OTC, los miembros han destacado que la cooperación regulatoria puede ayudar a lograr una mejor comprensión de los diferentes sistemas regulatorios y de los enfoques para abordar las necesidades identificadas, además de que puede promover la convergencia, la armonización, el reconocimiento mutuo y la equivalencia en materia regulatoria, contribuyendo así a evitar diferencias regulatorias innecesarias. Se reconoce a la CRI como un elemento de buena práctica regulatoria.

1. G/TBT/26, 13 de noviembre de 2009, parr. 5.
Fuente: (OECD/WTO, 2019[35]).

Dada la variabilidad del lenguaje y la importancia de separar claramente la CRI de las otras muchas formas de cooperación internacional que puedan existir, se hace evidente la necesidad de contar con definiciones claras y delimitar los conceptos. Este es un objetivo claro de este proyecto de Principios de Buenas Prácticas de la OCDE para ayudar a dicho objetivo. El Recuadro 1.7 sintetiza los conceptos clave de la CRI en breves definiciones.

Recuadro 1.7. Glosario de términos clave relacionados con la CRI

Debido a la multiplicidad de actores implicados en la CRI, la terminología exacta que se utiliza varía y no está sujeta a definiciones acordadas a nivel internacional. Para efectos de los trabajos del CPR sobre la CRI, se utilizan los siguientes términos sin perjuicio del significado que puedan tener en los distintos países y organismos internacionales, incluida la OCDE:

- La **Cooperación Internacional Regulatoria (CRI)** puede definirse de forma general como "cualquier acuerdo, formal o informal, entre países para promover alguna forma de cooperación en el diseño, la supervisión, la aplicación o la gestión ex-post de la regulación". (OECD, 2013[11]).
- **Organismo internacional.** La literatura académica reconoce su diversidad y ofrece varias clasificaciones basadas en las funciones, la pertenencia o el objetivo (OECD, 2016[37]). A efectos del Partenariado de Organizaciones Internacionales para la Elaboración Eficaz de las Reglas Internacionales, el término ha sido definido por la OCDE de forma amplia para abarcar una diversidad de organizaciones dedicadas a las actividades normativas, es decir, a la elaboración y gestión de "normas", independientemente de su mandato, sector, atributos jurídicos o naturaleza. Estas organizaciones comparten 3 características fundamentales: 1) generan reglas, ya sean instrumentos/normas jurídicas, políticas o técnicas; 2) se apoyan en una secretaría y 3) son internacionales en el sentido de que participan "representantes" de varios países.
- **Normas Internacionales.** El término utilizado en este documento sigue la Decisión del Comité OTC de la Organización Mundial del Comercio sobre normas internacionales[1] que establece seis principios para la elaboración de normas internacionales, a saber: i) transparencia; ii) apertura; iii) imparcialidad y consenso; iv) eficacia y pertinencia; v) coherencia; y vi) dimensión de desarrollo. Además, la jurisprudencia de la OMC ofrece cierta orientación. Según esta jurisprudencia, para que un instrumento se considere como "norma internacional" en el marco del Acuerdo OTC debe: constituir una "norma" (es decir, un documento aprobado por un organismo reconocido, que brinda, para un uso común y repetido, reglas, directrices o características para los productos o los procesos y métodos de producción conexos, cuyo cumplimiento no es obligatorio) y tener carácter "internacional", es decir, ser adoptado por un organismo internacional de normalización.[2]
- **Instrumentos internacionales.** La labor normativa de los organismos internacionales va más allá de las normas internacionales. Por lo tanto, para abarcar la gama más amplia de documentos jurídicos y políticos adoptados por los organismos internacionales, y en consonancia con el enfoque utilizado en (OECD, 2019[38]) este documento se refiere al término más amplio de **instrumentos internacionales** que abarcan los requisitos jurídicamente vinculantes destinados a ser directamente obligatorios para los miembros de los organismos internacionales y los instrumentos jurídicamente no vinculantes a los que se les puede dar valor vinculante mediante la transposición en la legislación nacional o el reconocimiento en los instrumentos jurídicos internacionales. Esta noción amplia abarca, por tanto, los tratados, las decisiones jurídicamente vinculantes, las recomendaciones no jurídicamente vinculantes, los modelos de tratados o leyes, las declaraciones y las normas internacionales voluntarias.[1]
- **Elaboración de reglas internacionales (en el contexto de los organismos internacionales).** Para efectos de este documento, y en consonancia con el trabajo analítico dirigido por la OCDE sobre este tema desde 2014 (OECD, 2019[38]), "la elaboración de reglas internacionales" comprende el diseño, desarrollo, aplicación y cumplimiento de los instrumentos internacionales (véase más arriba) por parte de los gobiernos u otros actores a través de los organismos internacionales de los que son miembros, o por parte de las Secretarías de los organismos internacionales con base en los mandatos recibidos de parte de sus miembros, independientemente de su estatus legal, efectos o atributos y de la naturaleza del organismo (público o privado). Esta definición no prejuzga el uso a nivel interno de este término por parte de los países.

> 1. Se ha optado por este enfoque más amplio, ya que puede ser aplicable independientemente del ámbito temático/sectorial de las normas internacionales. Esto difiere del enfoque del Acuerdo MSF, que define las normas, directrices y recomendaciones internacionales en función de si proceden de alguno de los tres organismos internacionales siguientes: normas internacionales para la "seguridad alimentaria" establecidas por la "Comisión del Codex Alimentarius" (Codex) de la FAO/OMS; normas internacionales para la "sanidad animal y zoonosis" elaboradas por la "Organización Mundial de Sanidad Animal" (OIE); normas internacionales para la "sanidad vegetal" elaboradas bajo los auspicios de la "Convención Internacional de Protección Fitosanitaria" (CIPF). Para los asuntos no contemplados por los organismos mencionados, el Acuerdo MSF también prevé la posibilidad de que el Comité MSF identifique "normas, directrices y recomendaciones apropiadas promulgadas por otros organismos internacionales pertinentes abiertas a la participación de todos los Miembros".
>
> 2 Ver, por ejemplo, Informe del Órgano de Apelación en EE.UU. – Atún II e Informe del Grupo de Expertos en Australia - Empaquetado simple del tabaco (actualmente en apelación). La decisión del Comité OTC sobre los seis Principios para la Elaboración de Normas, Guías y Recomendaciones Internacionales (G/TBT/9, 13 de noviembre de 2000, párrafo 20 y Anexo 4) también desempeñó un papel importante para aclarar el significado de "norma internacional" en el marco del Acuerdo OTC (véase, por ejemplo, el informe del Órgano de Apelación en el asunto Estados Unidos - Atún II, párrafos 370-379 y 382, 384 y 394). El Acuerdo OTC se refiere a las normas internacionales "pertinentes"; el término pertinente ha sido abordado por el Órgano de Apelación en CE-Sardinas. Para más información sobre los "seis principios", véanse las páginas 80-81.
>
> Fuente: (OECD, 2017[24]) (OECD, 2019[29]) (OECD/WTO, 2019[35]).

La variedad de enfoques de cooperación regulatoria internacional

Los trabajos de la OCDE muestran la multiplicidad de enfoques para facilitar la interoperabilidad de los marcos regulatorios. Pueden abarcar actividades que van desde el intercambio de información hasta la armonización de las normas. Pueden enfocarse en la etapa previa a la elaboración de las normas -como la recopilación de pruebas- o aplicarse a la parte de ejecución regulatoria (en la aplicación/inspección, por ejemplo). Pueden implicar acuerdos institucionales específicos o basarse en acuerdos entre pares. De hecho, adoptan la forma de un continuo de mecanismos complementarios que van desde la acción unilateral a la multilateral internacional (Gráfica 1.3), en lugar de un conjunto discreto de opciones mutuamente excluyentes (como ilustra el conjunto de herramientas de CRI de Nueva Zelanda).

La complementariedad de los mecanismos de CRI queda bien ilustrada por la coexistencia y la superposición de mecanismos a nivel de sector/política. La cooperación para abordar el tema de la contaminación atmosférica es un buen ejemplo que comprende la adopción unilateral de normas medioambientales internacionales; memorandos de entendimiento (MdU) bilaterales sobre intercambio de datos, asistencia técnica y desarrollo de capacidades; así como la participación en programas y foros medioambientales multilaterales, proyectos de investigación plurilaterales y reuniones ministeriales conjuntas (OECD, 2020[39]). La aplicación de la legislación en materia de competencia es otro ejemplo de la superposición de mecanismos de CRI en el mismo ámbito, que implica una mezcla de instrumentos de competencia y no específicos, así como mecanismos de cooperación formales e informales entre diferentes niveles de gobierno (OECD, 2013[11]). Varios mecanismos de CRI también se complementan entre sí en el ámbito de la cooperación para aplicar la protección a los consumidores, que se basa en acuerdos internacionales vinculantes (como los acuerdos de alto nivel entre gobiernos), memorandos de entendimiento no vinculantes y otros acuerdos entre organismos, así como en intercambios informales a través de redes entre organismos (como la Red Internacional de Protección al Consumidor) e intercambios de personal (OECD, Forthcoming[32]).

Gráfica 1.3. Mecanismos de CRI

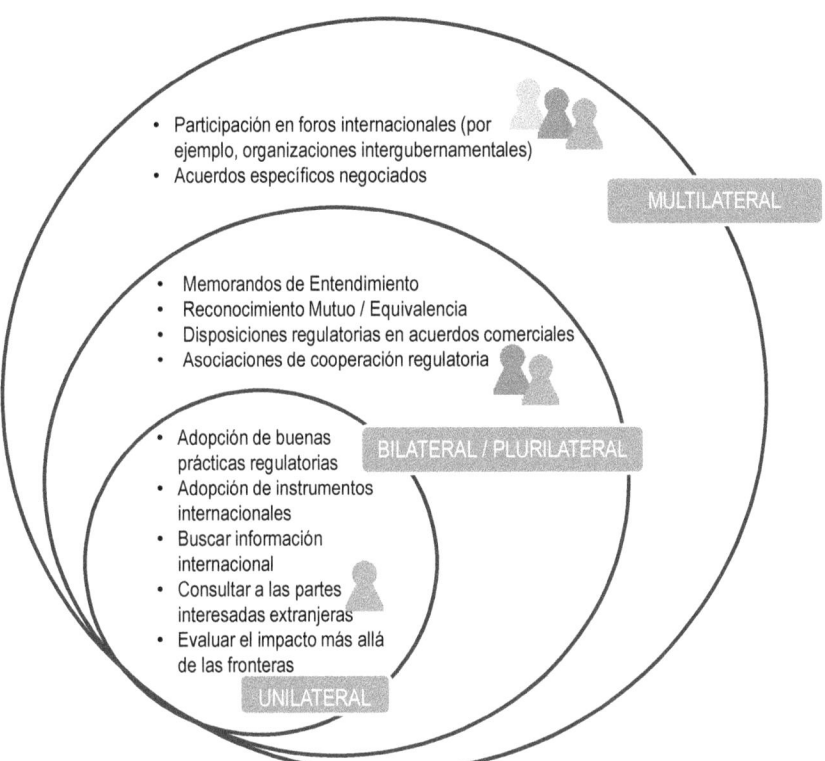

Fuente: Adaptado de OECD (2013), International Regulatory Co-operation: Addressing Global Challenges, OECD Publishing, Paris, https://dx.doi.org/10.1787/9789264200463-en.

A nivel nacional, la interoperabilidad de los marcos regulatorios puede mejorarse unilateralmente invirtiendo en la calidad de la regulación e integrando las consideraciones del entorno internacional

Los países pueden hacer mucho a nivel interno para mejorar la coherencia de sus marcos regulatorios con el entorno internacional, crear instituciones confiables que puedan constituir la base de los acuerdos de cooperación y establecer las condiciones y el apoyo para una coordinación benéfica con las jurisdicciones extranjeras. La diversidad de prácticas y disciplinas destacadas en la Recomendación de 2012 y en la Lista de Cotejo Integrada de la Reforma Regulatoria de APEC-OCDE de 2005 (APEC-OCDE, 2005[40]) proporciona una base sólida para mejorar la calidad de la normatividad nacional e incorporar consideraciones más sistemáticas sobre el entorno internacional.

Sobre este último punto, el principio 12 de la Recomendación de 2012 promueve estas prácticas unilaterales susceptibles de apoyar la interoperabilidad de los marcos regulatorios y que se detallan en los Principios de Buenas Prácticas, en síntesis:

- Considerar sistemáticamente la información acumulada en otras jurisdicciones sobre temas similares para fundamentar la justificación y la diversidad de posibles opciones
- Adoptar los instrumentos internacionales y otros marcos normativos pertinentes cuando se elaboren o actualicen las leyes y reglamentos, o detallar los motivos para apartarse de ellos
- Facilitar el involucramiento de las partes interesadas más allá de la jurisdicción para obtener información sobre las implicaciones de la regulación nacional

- Evaluar la diversidad de impactos (incluso en los flujos internacionales y fuera de la jurisdicción) de las leyes y reglamentos una vez adoptados y su divergencia con las buenas prácticas internacionales.

Estas buenas prácticas regulatorias unilaterales constituyen un primer paso esencial y un elemento de construcción de la CRI – además de que ayuda a evitar las divergencias regulatorias innecesarias mediante una elaboración de normas mejor informada, fomentan el conocimiento mutuo y la confianza necesaria entre las jurisdicciones para lograr formas más sólidas de CRI. Sin embargo, no garantizan por sí mismas el resultado esperado de la CRI, que puede necesitar que se vaya más allá de la acción unilateral y entrar en formas de cooperación bilaterales, regionales o internacionales.

El reciente trabajo de la OCDE sobre las respuestas de la CRI ante la crisis del COVID-19 muestra que algunos gobiernos han optado por mantener unilateralmente las normas técnicas de los dispositivos médicos emitidas por las autoridades competentes de otras jurisdicciones (OECD, 2020[1]). Este reconocimiento unilateral ha demostrado ser una opción flexible y rápida para los países que buscan asegurar la disponibilidad de productos médicos fundamentales. Como ejemplo, la FDA de EE.UU. renunció en abril de 2020 a ciertos requisitos reglamentarios para autorizar al personal sanitario a utilizar los respiradores desechables (máscaras) que cumplían los requisitos aprobados en otros países, aunque no estuvieran aprobados por el Instituto Nacional de Seguridad y Salud Ocupacional (NIOSH, por sus siglas en inglés) (US FDA, n.d.[41]). Health Canada ha establecido procedimientos simplificados de importación y venta de productos médicos necesarios para su uso en relación con el COVID-19, si han recibido la aprobación de comercialización por parte de una autoridad regulatoria extranjera (Health Canada, n.d.[42]).

Existe una multiplicidad de posibles modalidades de cooperación y acuerdos institucionales, a nivel bilateral, regional y multilateral

No hay una manera sencilla de ilustrar la gama de posibles enfoques de cooperación, tanto más cuanto que pueden combinar diferentes características y variar según los sectores y los países; la gama de mecanismos de CRI y su complejidad se describen en detalle en (OECD, 2013[11]) y los estudios de caso que los acompañan (enumerados en el Anexo B). Una forma de captar la amplia variedad de mecanismos de forma esquemática es diferenciar entre los que implican la armonización de normas como base de la interoperabilidad y los que conservan la variedad de marcos normativos y tratan de tender puentes entre ellos. Se representan de forma simplificada y no exhaustiva en la Gráfica 1.4.

Gráfica 1.4. Clasificación no exhaustiva de los tipos de CRI por resultados

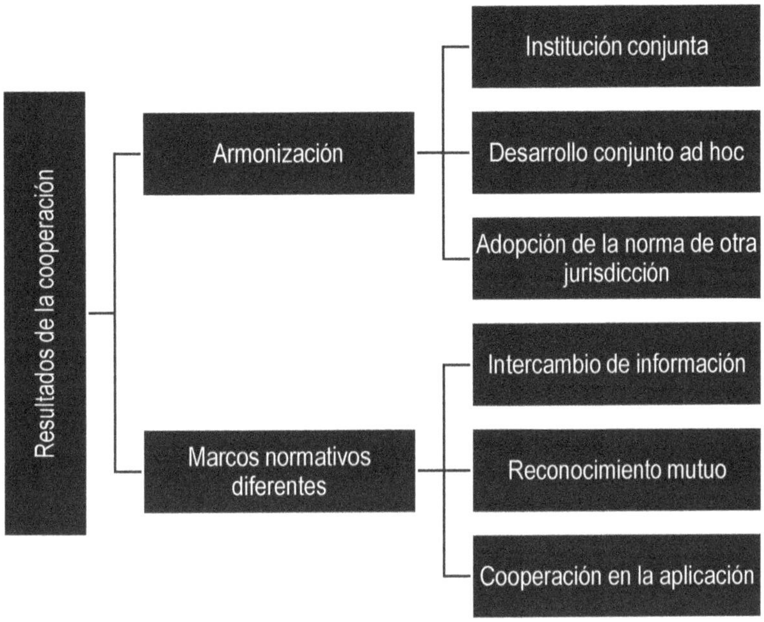

```
Resultados de la cooperación
├── Armonización
│   ├── Institución conjunta
│   ├── Desarrollo conjunto ad hoc
│   └── Adopción de la norma de otra jurisdicción
└── Marcos normativos diferentes
    ├── Intercambio de información
    ├── Reconocimiento mutuo
    └── Cooperación en la aplicación
```

Armonización regulatoria

La armonización regulatoria (definida como la adopción de normas conjuntas en dos o más jurisdicciones) elimina las divergencias regulatorias entre los países participantes desde la raíz, es decir, en la fase de diseño. De este modo, debería aumentar significativamente la eficacia y la eficiencia de la regulación entre los socios al limitar el margen de interpretación y las fricciones derivadas de las divergencias. Los ejemplos incluyen el desarrollo de Regulaciones y Directivas en la Unión Europea, como lo ejemplifica la evolución del Reglamento Energético de la Unión Europea (OECD, 2013[30]), así como el caso de armonización descrito en el Estudio del Programa de Eficiencia Energética de Equipos (E3) entre Australia y Nueva Zelanda (Kauffmann and Saffirio, 2020[21]).

Como ilustran estos ejemplos, la "armonización regulatoria" abarca en la práctica distintas realidades y distintos niveles de cooperación, es decir, la adopción de la norma de otra jurisdicción, la adopción conjunta de una norma común mediante un proceso de deliberación en una institución conjunta, la adopción conjunta de normas comunes sin la participación de una institución conjunta, o la remisión conjunta a un tercer legislador (normalmente un organismo internacional). También existe una percepción errónea en la armonización normativa de que las normas comunes significan una aplicación sin contratiempos, que es muy poco frecuente. Las directivas de la UE, por ejemplo, se elaboran a través de instituciones conjuntas y significa que se aplican en todos los miembros de la UE. Sin embargo, a diferencia de los reglamentos de la UE que son directamente aplicables, su aplicación implica su transposición en la legislación nacional –dejando algunos márgenes de divergencia– y faculta a los Estados miembros de la UE para su aplicación. Los trabajos de la OCDE sobre la aplicación de la regulación y las inspecciones muestran que puede haber diferencias significativas en los enfoques de aplicación que pueden generar costos importantes para las entidades reguladas y/o afectar a la eficacia de la regulación.

El trabajo del Partenariado de organizaciones internacionales para la elaboración eficaz de las reglas internacionales muestra que la mayoría de los instrumentos internacionales (destinados a la armonización regulatoria) permiten una aplicación flexible y la adaptación a contextos específicos – rara vez son aplicables directamente y una parte importante es de carácter voluntario (véase más adelante).

Esto nos lleva a preguntarnos, ¿por qué no aplicar una única regulación y entrega a todos? La armonización puede conllevar costos importantes. Limita la soberanía regulatoria de los países. En sus formas extremas, las administraciones públicas ya no desarrollan la regulación y las normas a nivel nacional, sino que transponen las medidas internacionales. El desarrollo de enfoques conjuntos puede no tener en cuenta la variedad de condiciones específicas ni satisfacer las necesidades y expectativas de las administraciones nacionales y los ciudadanos singulares. La armonización implica por definición la uniformidad y ésta puede no ser la mejor solución en todos los contextos. Además, puede reprimir la innovación en los enfoques normativos.

Por lo tanto, hay que encontrar un equilibrio entre la plena armonización regulatoria (que puede caricaturizarse como una norma, una aplicación) que borra eficazmente los costos de las diferencias (incluso pequeñas) en la interpretación y aplicación de las normas y la flexibilidad que puede permitir un sistema más laxo de adopción de instrumentos internacionales no vinculantes.

Equivalencia/reconocimiento mutuo: ¿la alternativa a la armonización regulatoria?

Una serie de mecanismos de CRI distintos de la armonización regulatoria promueven la alineación regulatoria al mismo tiempo que permiten la diversidad regulatoria; entre ellos se encuentran los mecanismos de "equivalencia" y de reconocimiento mutuo. Existe un amplio espectro de modalidades de reconocimiento mutuo identificadas en (Correia de Brito, Kauffmann and Pelkmans, 2016[43]), que van desde el reconocimiento de los resultados regulatorios de diferentes normas hasta el reconocimiento más limitado de los resultados de la evaluación de conformidad plasmados en diferentes acuerdos (Gráfica 1.5). El reconocimiento mutuo de las normas se utiliza en muy pocas ocasiones, salvo en la Unión Europea, entre Australia y Nueva Zelanda en el Acuerdo de Reconocimiento Mutuo Trans-Tasman y en una serie de casos específicos limitados (como la equivalencia orgánica UE-EEUU).

En la mayoría de los casos, los países adoptan el reconocimiento de sus procedimientos de evaluación de la conformidad, es decir, la capacidad de los organismos de evaluación de conformidad para hacer pruebas y certificar según las normas y procedimientos de otro país. El objetivo de estos Acuerdos de Reconocimiento Mutuo (ARM) es facilitar el acceso al mercado eliminando la duplicación de pruebas y certificaciones o inspecciones, reduciendo la incertidumbre sobre un posible rechazo y acortando el "plazo de comercialización".

La Aceptación Mutua de Datos (AMD) de la OCDE presenta otro caso en el que el "reconocimiento" se centra en los datos de las pruebas químicas. Muestra los beneficios potenciales del reconocimiento mutuo de resultados cuando se amplía al nivel multilateral (OECD, 2013[13]). También hay ejemplos de cooperación a través de la asistencia mutua en la etapa de aplicación, tal y como establece el estudio sobre la cooperación entre las autoridades de competencia (OECD, 2013[13]), así como en el ámbito de protección al consumidor (OECD, Forthcoming[32]).

Gráfica 1.5. Espectro de las modalidades de reconocimiento mutuo

Reconocimiento mutuo de normas: objetivos equivalentes, requisitos regulatorios, normas y procedimientos de evaluación de la conformidad
- El Principio de Reconocimiento Mutuo de la UE como corolario de la "libre circulación de mercancías" en los sectores no armonizados
- El Acuerdo de Reconocimiento Mutuo Trans-Tasman

Reconocimiento mutuo de la evaluación de la conformidad (procedimientos / resultados) de las mercancías con arreglo a las normas de los distintos socios
- ARM independientes
- ARM bilaterales
  - ARM tradicionales (sin equivalencia de requisitos regulatorios)
  - ARM mejorados (equivalencia de los requisitos regulatorios)
    - ARM incorporados en los acuerdos comerciales regionales (ACR)
    - ARM gubernamentales
- ARM multilaterales (jurídicamente no vinculantes)
  - Acuerdos Multilaterales No Gubernamentales entre los organismos de evaluación de la conformidad (OEC) o los Organismos de Acreditación

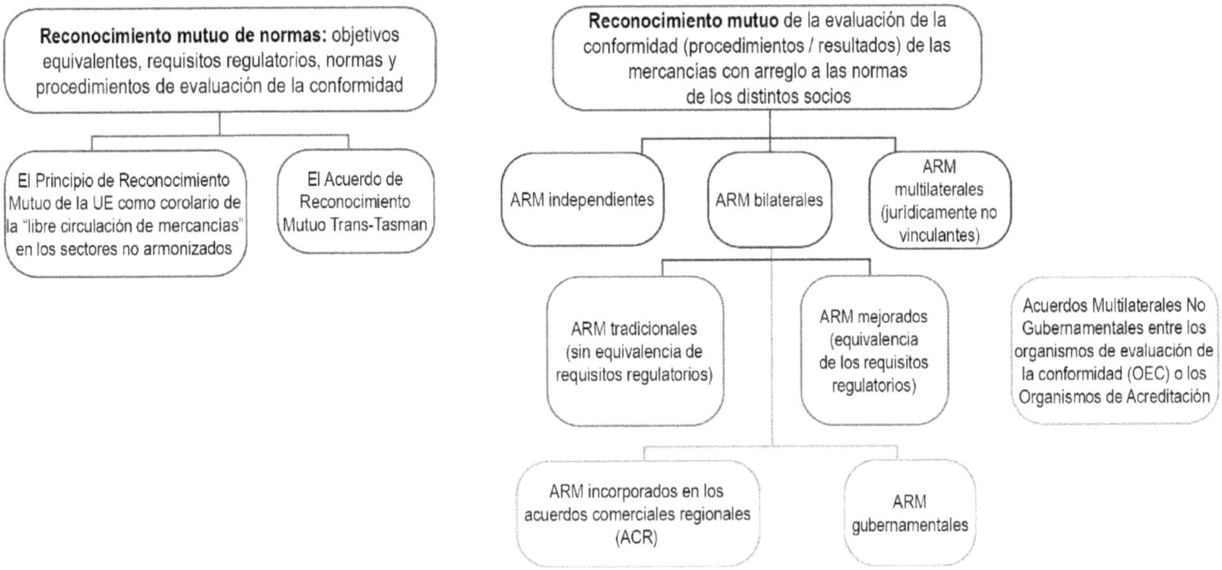

Fuente: (Correia de Brito, Kauffmann and Pelkmans, 2016[43]).

Existe poca evidencia sistemática y cuantificada sobre los resultados del reconocimiento mutuo. En el ámbito del reconocimiento a la equivalencia de los resultados de la regulación, destaca el Acuerdo de Reconocimiento Mutuo Trans-Tasman con sus evaluaciones periódicas realizadas por la Comisión de Productividad de Australia.[4] También existe cierta literatura académica sobre los ARM, donde se muestra que eliminan la necesidad de realizar varias evaluaciones de conformidad y reducen el tiempo que se requiere para llevar a cabo el comercio transfronterizo de bienes. Tienen algunas repercusiones positivas en el comercio, especialmente en los sectores impulsados por la ciencia con largas cadenas de valor mundiales, en los que se esperan suficientes ganancias económicas, como los equipos de telecomunicaciones, maquinaria y equipos electrónicos. Sin embargo, los ARM también tienen un alto costo de negociación y mantenimiento; requieren la cooperación continua entre los reguladores nacionales (Correia de Brito, Kauffmann and Pelkmans, 2016[43]) muestra que los ARM sólo dan resultado en sectores con divergencias regulatorias limitadas (por ejemplo, cuando una norma internacional sólida establece bases normativas comunes, como en el ámbito electrónico/eléctrico) y en relaciones entre países con altos niveles de confianza en los respectivos sistemas regulatorios y administrativos.

¿Cuál es el papel de los acuerdos comerciales?

Los países han utilizado los acuerdos comerciales como vehículo para promover la eficacia y la eficiencia de la regulación al incluir disposiciones relativas a las buenas prácticas regulatorias y la cooperación internacional regulatoria (OECD, 2017[24]). Esta tendencia no es nueva: a lo largo de las últimas décadas, varios acuerdos han incluido un lenguaje relacionado con los mecanismos de BPR y/o CRI, en particular reflejando y a veces profundizando las disciplinas de la OMC establecidas en los Acuerdos OTC y MSF y los Comités (OECD/WTO, 2019[35]). Estas disposiciones promueven las buenas prácticas regulatorias tradicionales en torno a la transparencia y la elaboración de normas basadas en pruebas. Los acuerdos comerciales también aportan una vía para el reconocimiento mutuo y actúan como vehículos para otros mecanismos que promueven el diálogo y animan a las partes en los acuerdos a iniciar la cooperación en materia regulatoria. Además, algunos acuerdos también incluyen anexos o capítulos para incluir compromisos sectoriales específicos en torno a las herramientas de gestión regulatoria, el uso de normas internacionales, la implementación del reconocimiento mutuo u otras formas de armonización regulatoria.

Más recientemente, los acuerdos comerciales se han vuelto más detallados y ambiciosos en cuanto al contenido y el alcance de las disposiciones de las BPR y CRI. En particular, varios acuerdos comerciales han incorporado capítulos dedicados a las BPR y/o CRI (Kauffmann and Saffirio, 2020 (forthcoming)[44]). Aunque es demasiado pronto para evaluar la repercusión global de estos capítulos dedicados a la calidad regulatoria y la CRI, ya pueden destacarse algunas consideraciones basándose en su contenido y en las primeras medidas de aplicación.

El nivel de ambición de estos capítulos independientes depende en gran medida de la situación de la política regulatoria en los países socios. Sin embargo, su creciente incorporación en los acuerdos comerciales indica el interés de los países por sistematizar la política regulatoria y la cooperación. Además, las prácticas regulatorias promovidas por estos capítulos horizontales están firmemente alineadas con la Recomendación de 2012 y la lista de comprobación APEC-OCDE, que apoya la coherencia de los enfoques en todas las jurisdicciones.

Estos capítulos independientes promueven sistemáticamente el análisis del impacto regulatorio, la participación de las partes interesadas y la consideración de las normas internacionales. Sin embargo, varios de ellos van más allá y se extienden a nuevas BPR incluidas en la Recomendación de 2012 y en trabajos recientes de la OCDE, como la evaluación *ex post*, la supervisión regulatoria y la cooperación para la aplicación de la regulación.

Estos capítulos se basan en las prácticas normativas existentes en los socios comerciales y pretenden complementarlas. La mayoría de ellos crean comités permanentes para supervisar su aplicación y/o promover la cooperación regulatoria entre las partes. Aunque todavía es pronto para evaluar sus efectos, estos nuevos organismos ofrecen la oportunidad de reunir a los actores relevantes que trabajan en la mejora de la eficacia regulatoria en todas las comunidades políticas.

El papel de los organismos internacionales en la CRI

Los organismos internacionales (OI) ofrecen la oportunidad de cooperar a mayor escala que los enfoques bilaterales de la CRI. Han sido la principal forma institucional utilizada para apuntalar la cooperación regulatoria multilateral durante el último siglo ((OECD, 2013[11]) y (OECD, 2016[45])). Ofrecen plataformas para el diálogo continuo y la anticipación de nuevas cuestiones; ayudan a establecer un lenguaje común; facilitan la comparabilidad de enfoques y prácticas; desarrollan instrumentos internacionales y ofrecen mecanismos de solución de controversias. Pueden adoptar diferentes formas: internacional, regional, grupos de instituciones afines o que comparten temas y prioridades comunes.

El panorama normativo internacional es dinámico, con diversos actores y un conjunto de instrumentos internacionales en rápido crecimiento. Ha evolucionado considerablemente a lo largo de los años para dar cabida a nuevos actores y formas de OI. (OECD, 2016[45]) y (OECD, 2019[29]) clasifican a los diversos creadores de reglas internacionales en tres grandes categorías: organizaciones intergubernamentales (OIG), redes transgubernamentales (RTG) y organizaciones normativas privadas. Sin embargo, a pesar de las diferencias en cuanto a su naturaleza, composición, mandato y enfoque, las OI comparten fuertes rasgos comunes al desarrollar y mantener el cuerpo de reglas y reglas internacionales: la búsqueda del consenso en la toma de decisiones; la ampliación de la membresía tradicional a nuevas zonas geográficas y actores no gubernamentales; así como las funciones de su secretaría como centros de información.

Las OI adoptan una gran variedad de instrumentos internacionales con valor normativo externo, que pueden clasificarse en varias familias con diversos atributos, como el rigor jurídico (OECD, 2019[29]). Sin embargo, la elaboración de normas a nivel internacional funciona en gran medida como un sistema y no sólo como un conjunto de actores y reglas. Los instrumentos funcionan como elementos esenciales de un marco más amplio destinado a "regular" áreas específicas. El amplio ecosistema de OI y normas es a la vez un reflejo y una respuesta a la creciente complejidad del mundo moderno, al gran número de cuestiones que requieren una respuesta internacional y a la variedad de grupos y situaciones. De hecho, los países pertenecen a 50 organizaciones internacionales o más (OECD, 2013[11]). Conforme a la evidencia tomada de (OECD, 2016[45]), los organismos internacionales que han participado en el informe han elaborado unos 70 000 instrumentos internacionales que abarcan una amplia gama de sectores políticos.

Pero, el aumento de la complejidad puede entrañar una percepción de duplicación, exceso de burocracia, inaccesibilidad, falta de transparencia y de rendición de cuentas, una implementación débil y pérdida de control. Las OI no son inmunes a un contexto en el que la confianza en las instituciones públicas, las pruebas y el asesoramiento de los expertos se está deteriorando en todos los países. En este contexto, es necesario mejorar la transparencia, la pertinencia y la coherencia de la elaboración de reglas internacionales y garantizar que funcionen como se pretende: como instrumento de gestión de la globalización para el bienestar de todos. Con este objetivo en mente, el Partenariado de Organizaciones Internacionales para la Elaboración Eficaz de las Reglas Internacionales pretende apoyar a las OI y a sus grupos de interés para que aborden las deficiencias en la implementación de las normas internacionales, promuevan una elaboración de normas transparente y basada en evidencia, además de que fomenten una mayor coordinación entre los encargados internacionales de elaborar la regulación.

Los países/responsables de elaborar las políticas nacionales tienen un papel clave para garantizar la calidad de la elaboración de reglas internacionales, a través de su participación activa, la implementación de los instrumentos internacionales en los marcos nacionales y su papel como transmisores de información sobre el uso y los impactos de estos instrumentos. Este papel se investiga en la Revisión de la Cooperación Regulatoria Internacional de México (OECD, 2018[46]) y la Revisión de la Cooperación Regulatoria Internacional del Reino Unido (OECD, 2020[27]).

Notas

[1] IFAC and BIAC (2018), *"Regulatory Divergence: Costs, Risks, Impacts."*, www.ifac.org/system/files/publications/files/IFAC-OECD-Regulatory-Divergence.pdf

[2] La riqueza de los mecanismos de cooperación entre los reguladores de diferentes países se puso de manifiesto en las revisiones detalladas de la cooperación regulatoria internacional que se llevaron a cabo en México y en el Reino Unido, y proporcionan ejemplos prácticos de los compromisos vinculantes y no vinculantes que pueden relacionarlos (OECD, 2018[46]) y (OECD, 2016[37]).

[3] En particular, el desarrollo de un kit de herramientas de CRI por parte de Nueva Zelanda.

[4] La versión más actualizada se encuentra disponible en: https://www.pc.gov.au/inquiries/completed/mutual-recognition-schemes#report.

Referencias

APEC-OECD (2005), *APEC-OECD Integrated Checklist on Regulatory Reform*, https://www.oecd.org/regreform/34989455.pdf (accessed on 26 March 2021). [40]

Blanchard, O. (2017), *Macroeconomics*, Pearson, https://www.pearson.com/us/higher-education/program/blanchard-macroeconomics-7th-edition/pgm333935.html (accessed on 3 June 2021). [17]

Correia de Brito, A., C. Kauffmann and J. Pelkmans (2016), "The contribution of mutual recognition to international regulatory co-operation", *OECD Regulatory Policy Working Papers*, No. 2, OECD Publishing, Paris, https://dx.doi.org/10.1787/5jm56fqsfxmx-en. [43]

Giordani, P., M. Ruta and L. Zhu (2017), "Capital flow deflection", *Journal of International Economics*, pp. 102-118. [15]

Gori, F., E. Lepers and C. Mehigan (2020), *Capital flow deflection under the magnifying glass*, OECD Publishing, Paris, https://dx.doi.org/10.1787/398180d0-en. [16]

Health Canada (n.d.), *Applications for medical devices under the Interim Order for use in relation to COVID-19: Guidance document*, https://www.canada.ca/en/health-canada/services/drugs-health-products/drug-products/announcements/interim-order-importation-sale-medical-devices-covid-19/guidance-medical-device-applications.html. [42]

ITF (2019), *ITF Transport Outlook 2019*, OECD Publishing, Paris, https://dx.doi.org/10.1787/transp_outlook-en-2019-en. [7]

Jeanne, O. (2014), *Macroprudential Policies in a Global Perspective*, National Bureau of Economic Research, http://dx.doi.org/10.3386/w19967. [18]

Kauffmann, C. and R. Basedow (2016), "The political economy of international co-operation – a theoretical framework to understand international regulatory co-operation (IRC)", OECD, Paris. [28]

Kauffmann, C. and C. Saffirio (2021), "Good regulatory practices and co-operation in trade agreements A historical perspective and stocktaking", *OECD Regulatory Policy Working Papers*, No. 14, OECD, Paris. [33]

Kauffmann, C. and C. Saffirio (2020), "Study of International Regulatory Co-operation (IRC) arrangements for air quality: The cases of the Convention on Long-Range Transboundary Air Pollution, the Canada-United States Air Quality Agreement, and co-operation in North East Asia", *OECD Regulatory Policy Working Papers*, No. 12, OECD Publishing, Paris, https://dx.doi.org/10.1787/dc34d5e3-en. [21]

Kauffmann, C. and C. Saffirio (2020 (forthcoming)), "GRP and IRC approaches in trade agreements: An historical perspective and a stocktaking of recent chapters and provision", *OECD Regulatory Policy Working Papers*, No. forthcoming, OECD, Paris. [44]

OECD (2020), "No policy maker is an island: The international regulatory co-operation response to the COVID-19 crisis", OECD, Paris, http://www.oecd.org/coronavirus/policy-responses/no-policy-maker-is-an-island-the-international-regulatory-co-operation-response-to-the-covid-19-crisis-3011ccd0/ (accessed on 10 July 2020). [1]

OECD (2020), *OECD Code of Liberalisation of Capital Movements*, http://www.oecd.org/investment/codes.htm (accessed on 20 March 2021). [20]

OECD (2020), *OECD Study on the World Organisation for Animal Health (OIE) Observatory: Strengthening the Implementation of International Standards*, OECD Publishing, Paris, https://dx.doi.org/10.1787/c88edbcd-en. [22]

OECD (2020), *Review of International Regulatory Co-operation of the United Kingdom*, OECD Publishing, Paris, https://dx.doi.org/10.1787/09be52f0-en. [27]

OECD (2020), *Study of International Regulatory Co-operation (IRC) Arrangements for Air Quality: The Cases of the Convention on Long-Range Transboundary Air Pollution, the Canada-United States Air Quality Agreement, and Co-operation in North East Asia*, OECD Publishing, Paris, https://doi.org/10.1787/dc34d5e3-en (accessed on 12 February 2020). [39]

OECD (2019), *An Introduction to Online Platforms and Their Role in the Digital Transformation*, OECD Publishing, Paris, https://dx.doi.org/10.1787/53e5f593-en. [9]

OECD (2019), *Challenges to Consumer Policy in the Digital Age: Background Report*, https://www.oecd.org/sti/consumer/challenges-to-consumer-policy-in-the-digital-age.pdf (accessed on 3 March 2020). [4]

OECD (2019), *International Migration Outlook 2019*, OECD Publishing, Paris, https://dx.doi.org/10.1787/c3e35eec-en. [5]

OECD (2019), *Saving Costs in Chemicals Management: How the OECD Ensures Benefits to Society*, OECD Publishing, Paris, https://dx.doi.org/10.1787/9789264311718-en. [26]

OECD (2019), *The Contribution of International Organisations to a Rule-Based International System*, OECD, Paris, https://www.oecd.org/gov/regulatory-policy/IO-Rule-Based%20System.pdf. [38]

OECD (2019), *The Contribution of International Organisations to a Rule-Based International System: Key Results from the Partnership of International Organisations for Effective Rulemaking*, https://www.oecd.org/gov/regulatory-policy/IO-Rule-Based%20System.pdf. [29]

OECD (2018), *Review of International Regulatory Co-operation of Mexico*, OECD Publishing, Paris, https://dx.doi.org/10.1787/9789264305748-en. [46]

OECD (2018), *The Resilience of Students with an Immigrant Background: Factors that Shape Well-being*, OECD Reviews of Migrant Education, OECD Publishing, Paris, https://dx.doi.org/10.1787/9789264292093-en. [6]

OECD (2017), *International Regulatory Co-operation and Trade: Understanding the Trade Costs of Regulatory Divergence and the Remedies*, OECD Publishing, Paris, https://dx.doi.org/10.1787/9789264275942-en. [24]

OECD (2017), *OECD Digital Economy Outlook 2017*, OECD Publishing, Paris, https://dx.doi.org/10.1787/9789264276284-en. [2]

OECD (2016), "Economic and Social Benefits of Internet Openness", *OECD Digital Economy Papers*, No. 257, OECD Publishing, Paris, https://dx.doi.org/10.1787/5jlwqf2r97g5-en. [8]

OECD (2016), *International Regulatory Co-operation: The Role of International Organisations*, OECD Publishing. [45]

OECD (2016), *International Regulatory Co-operation: The Role of International Organisations in Fostering Better Rules of Globalisation*, OECD Publishing, Paris, https://dx.doi.org/10.1787/9789264244047-en. [37]

OECD (2015), *OECD Regulatory Policy Outlook 2015*, OECD Publishing, http://www.oecd-ilibrary.org/governance/oecd-regulatory-policy-outlook-2015_9789264238770-en. [36]

OECD (2013), *Interconnected Economies: Benefiting from Global Value Chains*, OECD Publishing, Paris, https://dx.doi.org/10.1787/9789264189560-en. [3]

OECD (2013), *International Regulatory Co-operation: Case Studies, Vol. 1: Chemicals, Consumer Products, Tax and Competition*, OECD Publishing, Paris, https://dx.doi.org/10.1787/9789264200487-en. [13]

OECD (2013), *International Regulatory Co-operation: Case Studies, Vol. 2: Canada-US Co-operation, EU Energy Regulation, Risk Assessment and Banking Supervision*, OECD Publishing, Paris, https://dx.doi.org/10.1787/9789264200500-en. [30]

OECD (2013), *International Regulatory Co-operation: Case Studies, Vol. 3: Transnational Private Regulation and Water Management*, OECD Publishing, Paris, https://dx.doi.org/10.1787/9789264200524-en. [23]

OECD (2013), *International Regulatory Co-operation: Addressing Global Challenges*, OECD Publishing, Paris, https://dx.doi.org/10.1787/9789264200463-en. [11]

OECD (2012), *Recommendation of the Council on Regulatory Policy and Governance*, http://www.oecd.org/gov/regulatory-policy/2012-recommendation.htm (accessed on 14 March 2019). [34]

OECD (2010), *Policy Framework for Effective and Efficient Financial Regulation*, OECD Publishing, Paris, http://www.oecd.org/daf/fin. (accessed on 19 March 2021). [25]

OECD (1994), *Regulatory Co-operation for an Interdependent World*, Public Management Studies, OECD Publishing, Paris, https://dx.doi.org/10.1787/9789264062436-en. [10]

OECD (Forthcoming), *Implementation Toolkit on Legislative Actions for Consumer Protection Enforcement Co-operation*. [32]

OECD/ICN (2021), *OECD/ICN Report on International Co-operation in Competition Enforcement*, http://www.oecd.org/daf/competition/OECD-ICN-Report-on-International-Co-operation-in-Competition-Enforcement.pdf (accessed on 20 March 2021). [31]

OECD/WHO (2016), *International Regulatory Co-operation and International Organisations The Case of the World Health Organization (WHO)*. [12]

OECD/WTO (2019), *Facilitating Trade through Regulatory Cooperation: The Case of the WTO's TBT/SPS Agreements and Committees*, OECD Publishing, Paris/World Trade Organization, Geneva, https://dx.doi.org/10.1787/ad3c655f-en. [35]

Pasricha, G. et al. (2018), *Domestic and Multilateral Effects of Capital Controls in Emerging Markets*, National Bureau of Economic Research, Cambridge, MA, http://dx.doi.org/10.3386/w20822. [14]

Pereira Da Silva, L. and M. Chui (2017), "Avoiding "regulatory wars" using international coordination of macroprudential policies", https://www.bis.org/speeches/sp171003.pdf. [19]

US FDA (n.d.), *Revoked EUAs for Non-NIOSH-Approved Disposable Filtering Facepiece Respirators*, https://www.fda.gov/medical-devices/emergency-use-authorizations-medical-devices/revoked-euas-non-niosh-approved-disposable-filtering-facepiece-respirators#imported. [41]

2 Principios de buenas prácticas de cooperación regulatoria internacional

Este capítulo establece los Principios de Buenas Prácticas de Cooperación Regulatoria Internacional, lo que ayuda a orientar a los reguladores y responsables de las políticas públicas a hacer un uso sistemático de la cooperación regulatoria internacional. Están organizados en torno a tres bloques de construcción: Establecer la estrategia de la CRI y su gobernanza, incorporar la CRI en toda la reglamentación nacional y cooperar internacionalmente (bilateral, plurilateral y multilateralmente). En última instancia, estos principios ayudarán a los gobiernos a operar un cambio de paradigma para adaptar las leyes y regulaciones a un mundo interconectado.

La Recomendación del Consejo de la OCDE sobre Política y Gobernanza Regulatoria de 2012 [OECD/LEGAL/0390] (la Recomendación de 2012) reconoce que los responsables de la elaboración de políticas y los reguladores no pueden seguir trabajando de forma aislada. Tienen mucho que aprender de sus pares en el extranjero y mucho que beneficiarse de la aportación de los escasos recursos y la alineación de los enfoques. La CRI se ha convertido en un elemento esencial para garantizar la calidad y la pertinencia de la regulación actual. Por lo tanto, la Recomendación de 2012 anima a los miembros y a los no miembros que se han adherido a ella (los Adherentes) a: *"Tomar en cuenta, al desarrollar medidas regulatorias, todos los estándares y marcos internacionales de cooperación pertinentes en la misma área y, cuando sea adecuado, los probables efectos que tengan en terceros fuera de su jurisdicción"* (Principio 12).

El presente proyecto de *Principios de Mejores Prácticas sobre Cooperación Regulatoria Internacional* (proyecto de Principios de Mejores Prácticas) apoyan la aplicación del Principio 12 de la Recomendación de 2012 ofreciendo una orientación general en lugar de una prescripción detallada. No obstante, los Principios de Buenas Prácticas son intencionadamente ambiciosos. Pocos países cumplen los principios que se destacan a continuación; no obstante, cabe señalar que el hecho de que apenas se utilice de forma sistemática no significa que la CRI no sea factible. Al contrario, hay una serie de prácticas y enfoques que son fáciles de adoptar, sobre todo como parte de las prácticas regulatorias. Desde esta perspectiva, estos Principios pretenden ofrecer a los encargados de la elaboración de políticas y a los funcionarios, tanto de los países miembros de la OCDE como de los países asociados, un instrumento práctico para utilizar mejor la CRI.

Los Principios de Buenas Prácticas se organiza en tres componentes:

1. Establecer la estrategia de la CRI y su gobernanza;
2. Integrar la CRI en toda la elaboración de políticas a nivel nacional; y
3. Cooperar a nivel internacional (bilateral, plurilateral y multilateral).

Los Principios de Mejores Prácticas se resume en el Recuadro 2.1 y se detalla a continuación. A lo largo del texto, los Recuadros ofrecen ilustraciones de prácticas existentes para facilitar la comprensión de los Principios de Buenas Prácticas. Sin embargo, se trata de un área en rápido desarrollo y en la que, con el paso del tiempo, surgirán más prácticas. Se pueden encontrar más ejemplos en un futuro recurso de CRI de APEC-OCDE, que proporcionará ejemplos concretos de prácticas de CRI aplicadas por los países.

Recuadro 2.1. Resumen de los Principios de Buenas Prácticas sobre Cooperación Regulatoria Internacional

Establecer la estrategia de CRI y su gobernanza

- Desarrollar una política/estrategia de CRI para el gobierno en su conjunto.
- Establecer un mecanismo de coordinación en el gobierno sobre las actividades de CRI para centralizar la información pertinente sobre las prácticas y actividades de CRI y crear un consenso y un lenguaje común.
- Crear un marco propicio para la CRI, es decir, concientizar sobre la CRI, aprovechar las plataformas de cooperación existentes, reducir los prejuicios contra la CRI y crear incentivos para los responsables de la elaboración de políticas y los reguladores.

Integrar la CRI en toda la elaboración de políticas a nivel nacional

- Reunir y confiar en los conocimientos y la experiencia internacionales

- Tener en cuenta los instrumentos internacionales existentes a elaborar la regulación y documentar los motivos para apartarse de ellos
- Evaluar los impactos más allá de las fronteras
- Comprometerse activamente con las partes interesadas extranjeras
- Incorporar la coherencia con los instrumentos internacionales como un principio clave que impulsa el proceso de revisión en la evaluación ex post y en las revisiones de inventario
- Evaluar las necesidades de cooperación *ex ante* para garantizar una aplicación adecuada y facilitar los procedimientos "reconocibles"

Cooperar a nivel internacional (bilateral, plurilateral y multilateral)

- Cooperar con otros países para promover el desarrollo y la difusión de buenas prácticas e innovaciones en materia de política regulatoria y gobernanza
- Contribuir a los foros internacionales que apoyan la cooperación regulatoria
- Utilizar el reconocimiento mutuo en conjunto con instrumentos internacionales
- Alinear las expectativas de CRI en varios instrumentos políticos, incluso en los acuerdos comerciales

Establecer la estrategia de CRI y su gobernanza

En muchos casos, una consideración más sistemática del entorno internacional en la elaboración de normas nacionales requiere un cambio significativo en la cultura regulatoria de los países. Dado el entorno dinámico e interconectado, este cambio consiste en comprender e incorporar una perspectiva "más allá de las fronteras" en la elaboración de normas y establecer una cooperación regulatoria transfronteriza relevante. Este cambio cultural requiere que se preste una atención especial al establecimiento de una estrategia gubernamental integral para la CRI y a su gobernanza, lo que incluye la revisión de la medida en que el actual entorno institucional, jurídico y normativo ofrece suficientes indicaciones, orientaciones e incentivos para la CRI. Vale la pena señalar que un marco regulatorio sólido, que incluya mecanismos eficaces de supervisión, es una condición *sine qua non* para que una jurisdicción establezca una CRI ambiciosa.

Desarrollar una política/estrategia de CRI para todo el gobierno

Una política de CRI puede definirse como una política/estrategia sistemática, a nivel nacional, que abarca a todo el gobierno, que promueve la cooperación regulatoria internacional, ya sea que se refleje en un documento estratégico amplio o en otro instrumento. Puede incorporar, pero va más allá de cualquier acuerdo específico establecido con socios clave o enfoque regional adoptado para promover la cooperación regulatoria. Esta política es una oportunidad para transmitir el liderazgo político y construir una visión y estrategia integral de la CRI con funciones y responsabilidades claramente definidas. También puede ayudar a establecer una definición sobre la CRI, para promover un entendimiento común en todo el gobierno. En última instancia, la política de CRI también es importante para garantizar que las prácticas de CRI de los responsables de la elaboración de políticas y los reguladores se integren en las prioridades estratégicas más amplias del gobierno. Ya que la CRI es un componente esencial de la calidad regulatoria, una política de CRI no requiere ser independiente y puede integrarse completamente en una política regulatoria más amplia. Los ejemplos de este tipo de políticas son todavía escasos. El Recuadro 2.2 presenta ejemplos de países seleccionados.

> **Recuadro 2.2. Ejemplos seleccionados de marcos estratégicos y políticos de todo el Gobierno para la CRI**
>
> La CRI está formalmente integrada en el marco general de política regulatoria de **Canadá**, la Directiva del Gabinete sobre Regulación (CDR). La CDR exige a los reguladores que evalúen las oportunidades de cooperación y armonización con otras jurisdicciones, tanto a nivel nacional como internacional, con el fin de reducir la carga regulatoria innecesaria para las empresas canadienses, manteniendo o mejorando al mismo tiempo la salud, la seguridad, el bienestar social y económico de los canadienses, además de proteger el medio ambiente.
>
> La Secretaría del Consejo del Tesoro (TBS), órgano central de supervisión en Canadá, cuenta con un equipo de 16 empleados de tiempo completo encargados de apoyar y coordinar los esfuerzos para fomentar la cooperación regulatoria internacional y nacional. Este equipo trabaja con los reguladores para garantizar que cumplen sus obligaciones en virtud de la CDR y liderar la participación de Canadá en diferentes foros de cooperación regulatoria. La TBS también colabora estrechamente con Global Affairs Canada para negociar las disposiciones regulatorias de los acuerdos comerciales, incluidas las relacionadas con la CRI.
>
> En **Nueva Zelanda**, las consideraciones sobre la CRI están integradas en documentos fundamentales, como las Expectativas del Gobierno sobre las Buenas Prácticas Regulatorias y la Estrategia de Gestión Regulatoria del Gobierno. La responsabilidad de supervisar y promover la consideración de la CRI es compartida por varios organismos: el organismo principal del Tesoro en materia de buenas prácticas regulatorias; el Ministerio de Negocios, Innovación y Empleo (MBIE), que asume el liderazgo en la promoción de la coherencia regulatoria internacional, y el Ministerio de Asuntos Exteriores y Comercio, que actúa como asesor y negociador principal en materia de política comercial y asesora sobre el proceso de suscripción de tratados internacionales. Las tres autoridades se coordinan en diferentes áreas de la CRI: por ejemplo, en los capítulos transversales de BPR y de la cooperación reguladora en los ALC, representando a Nueva Zelanda en los foros internacionales de política regulatoria, y en la contribución a los estudios de evaluación comparativa de la regulación y el entorno regulatorio.
>
> Fuentes: (OECD, 2018[40]) (OECD, 2020[13]).

Si bien el comercio es un fuerte impulsor de la CRI, una narrativa eficaz de la CRI debería ir más allá de los beneficios comerciales esperados. La CRI tiene importantes beneficios más amplios para los responsables de la elaboración de políticas, los reguladores y la sociedad en todos los ámbitos políticos, por ejemplo, aprendiendo de sus pares extranjeros o alineando los enfoques sobre los retos políticos comunes y transfronterizos para reforzar la eficacia de la regulación nacional en la consecución de sus objetivos políticos. La cooperación es también una piedra angular de la vigilancia eficaz del mercado y de la aplicación regulatoria. Con la creciente desmaterialización de los flujos que trascienden las fronteras, la cooperación regulatoria entre distintas jurisdicciones se está tornando fundamental para la identificación de comportamientos no conformes, la detección de productos y conductas peligrosas y sus recursos. Desde esta perspectiva, la CRI puede ayudar a alcanzar otros objetivos más amplios, en temas de seguridad, sociales y medioambientales.

La política/estrategia de la CRI debe basarse en evidencias y reconocer los principales impulsores, beneficios, costos y retos de la cooperación. Debe dar prioridad a los socios clave para la colaboración, teniendo en cuenta la "dependencia" del país respecto a otros países (en función de los sectores y/o ámbitos de políticas) y tener en cuenta los impulsores de la CRI y la economía política. Entre los impulsores típicos del CRI se encuentran la proximidad geográfica, la interdependencia económica, las propiedades políticas y económicas de los socios potenciales (incluido la dimensión relativa) y su afinidad, la madurez y la proximidad del sistema regulatorio y la naturaleza de la regulación.

La política/estrategia de CRI debe tener en cuenta la variedad de enfoques de CRI Los distintos enfoques de la CRI tienen diferentes costos y beneficios y pueden ser más o menos relevantes dependiendo del sector/área en cuestión. A medida que madura su experiencia con la CRI, los responsables de la elaboración de políticas deberían realizar una evaluación *ex ante* y *ex post* más sistemática de sus iniciativas de cooperación regulatoria. Deberían desarrollar una base de pruebas sobre los usos e impactos, apoyándose en la información recabada a través de las evaluaciones de impacto regulatorio, la evaluación *ex post* y los datos proporcionados por los foros internacionales. Esto ayudaría a los gobiernos a actualizar la política/estrategia de CRI a lo largo del tiempo basándose en evidencia.

La política/estrategia de la CRI también debería reconocer que un nivel de adopción unilateral de instrumentos internacionales o de otras jurisdicciones puede estar justificado en sectores o áreas políticas en las que un país ha acumulado menos conocimientos y experiencia o en las que la limitada actividad del país puede no justificar los recursos necesarios para desarrollar su propio enfoque. Optar por reconocer o mantener unilateralmente los requisitos regulatorios emitidos por las autoridades competentes de otras jurisdicciones también puede ser una opción flexible y rápida para los países que puede resultar especialmente útil durante una crisis para aumentar rápidamente la oferta y la disponibilidad de bienes y servicios. Esto ha demostrado ser un mecanismo importante en medio de la crisis del COVID-19 para facilitar el comercio de productos médicos y equipos de protección esenciales.

Establecer un mecanismo de coordinación en el gobierno sobre las actividades de la CRI para crear un consenso y un entendimiento común sobre la CRI y capitalizar la información pertinente sobre las prácticas y actividades de CRI

La CRI forma parte de la agenda de la política regulatoria y es un elemento importante de la calidad regulatoria. Sin embargo, implica un ambicioso replanteamiento de los procesos tradicionales de elaboración de normas a nivel nacional. Para garantizar que la CRI se entrelaza con el proceso regulatorio y contribuye de la mejor manera posible a los objetivos estratégicos nacionales, el diseño y el establecimiento de una estrategia de CRI requiere el compromiso de los órganos de supervisión regulatoria, aunque su implementación exitosa es un esfuerzo de todo el gobierno que involucra a diferentes actores. También requiere un cambio significativo en la cultura administrativa. Por ello, debe haber personal dedicado y fuertemente vinculado a la agenda de política regulatoria con recursos e influencia suficientes para garantizar la máxima integración en las prácticas de elaboración de normas de los departamentos y reguladores (Recuadro 2.2).

Debe haber una política de CRI supervisada, al menos en su dimensión de calidad regulatoria, por los órganos y capacidades de supervisión regulatoria establecidos de acuerdo con la Recomendación de 2012. Estos órganos tienen un papel fundamental para garantizar la integración de las consideraciones relativas a la CRI en las prácticas de elaboración de normas, en el desarrollo de las directrices relevantes y en su control sistemático durante la labor de escrutinio.

Para garantizar que los países desarrollen una política y una estrategia de CRI de acuerdo con los afectados (comunidad de elaboración de políticas específicas del país, reguladores, empresas, comunidades afectadas, etc.), y en línea con los principios básicos de la política regulatoria, la unidad de supervisión debería destacar en cualquier directriz de CRI la importancia de la transparencia, como la publicación sistemática de los documentos de CRI, y promover una amplia consulta sobre la estrategia general de CRI o sus componentes. La disponibilidad pública de la política/estrategia de CRI puede ayudar a los gobiernos a garantizar la transparencia y la rendición de cuentas sobre los esfuerzos de cooperación internacional.

La implementación exitosa de una política/estrategia de CRI es un esfuerzo compartido por todo el gobierno. La entidad responsable de la estrategia de CRI debe promoverla activamente en todo el gobierno y garantizar los vínculos adecuados con otras políticas e iniciativas relacionadas en el gobierno (por ejemplo, la política comercial y la política exterior). Normalmente, los Ministerios de Asuntos Exteriores y las embajadas en el extranjero desempeñan un papel para facilitar la CRI brindando acceso a redes, partes interesadas e información, y a menudo coordinando la participación en organismos internacionales.

Crear un marco propicio para la CRI, es decir, concientizar sobre la CRI, aprovechar las plataformas de cooperación existentes, reducir los prejuicios contra la CRI y crear incentivos para los responsables de la elaboración de políticas y los reguladores.

Los documentos jurídicos y políticos existentes y las directrices sobre política regulatoria pueden generar obstáculos para que los reguladores consideren de forma más sistemática el entorno internacional y participen en una CRI fructífera. La actualización de estos documentos puede ayudar a eliminar algunos de los sesgos involuntarios, incorporar un mayor incentivo para la CRI y reducir los impedimentos legales e institucionales para la cooperación. Por ejemplo, en 2018, Canadá introdujo reformas a la Ley de Reducción de la Burocracia *[Red Tape Reduction Act]* para permitir a los reguladores contabilizar las reducciones de la carga administrativa para las empresas que se produzcan en otras jurisdicciones como parte de su mecanismo "uno por uno", siempre que sean el resultado de un plan de trabajo en el marco de una de las tres mesas de cooperación regulatoria formal de Canadá.

Además, la orientación para los reguladores debería incorporar elementos de CRI y guiar a los reguladores sobre cómo integrar la CRI en las herramientas de gestión regulatoria (véase más adelante). Por ejemplo, esas directrices podrían aclarar el estándar de las pruebas internacionales que deben utilizarse en el proceso de la MIR y ayudar a los reguladores a identificar los instrumentos internacionales aplicables. Si bien dicho estándar aún está por desarrollarse y podría ser objeto de nuevos trabajos de la OCDE, la información pertinente que deben recopilar los reguladores incluye datos de otras jurisdicciones y foros internacionales sobre los retos que pretenden abordar (es decir, patrones, evolución en el tiempo, impactos en diversas poblaciones, entre otros), y sobre las políticas, su uso y sus impactos en otras jurisdicciones. Existe una amplia gama de fuentes de información a las que se puede recurrir, incluidos los datos oficiales de los gobiernos, las organizaciones internacionales y los trabajos académicos revisados por pares.

Los reguladores de los distintos niveles de gobierno son quienes mejor conocen los mecanismos de cooperación existentes en su propia área. No obstante, existe la oportunidad de que los niveles nacionales apoyen y aprovechen los foros de reguladores existentes y construyan una comunidad de prácticas de CRI y otros temas de política regulatoria, concienticen sobre las herramientas de CRI e identifiquen las necesidades de capacitación cuando sea pertinente (Recuadro 2.3).

Recuadro 2.3. Comunidades de prácticas regulatorias

La Comunidad de Reguladores Federales (CFR) de **Canadá**) es una asociación de organizaciones regulatorias canadienses a nivel federal cuyo objetivo es facilitar el desarrollo profesional, la colaboración y el avance del campo de la regulación. La comunidad atiende a unos 40 000 profesionales de la regulación que apoyan el ciclo de vida de la regulación en Canadá. La comunidad está gobernada por un Viceministro Líder, dos Viceministros Co-Líderes y representantes de cada uno de los departamentos y agencias que proporcionan apoyo financiero a la comunidad, responsables de señalar la dirección y las áreas de enfoque para la comunidad en conjunto con la Oficina del CFR. El CFR cuenta con un sistema de reconocimientos que incentiva la CRI a través de

> una categoría específica a la Excelencia en la Cooperación y Colaboración Regulatoria. Este es un reconocimiento a una iniciativa regulatoria que haya demostrado su éxito a través de un esfuerzo de colaboración o cooperación con otra organización y/o jurisdicción.
>
> La Iniciativa para la Práctica Regulatoria Gubernamental de **Nueva Zelanda** (G-REG) es una red de organismos reguladores del gobierno central y local creada para liderar y contribuir a las iniciativas de prácticas regulatorias. La G-REG se enfoca en el desarrollo de la capacidad de las personas, la capacidad organizativa y la construcción de una comunidad profesional de reguladores. Es una red para todos los reguladores del sector público, ya sea en la administración central o local.
>
> La Cátedra de Práctica Regulatoria permite difundir las mejores prácticas y conocimientos internacionales en materia de regulación a la G-REG y a la comunidad regulatoria en general (a través de blogs, seminarios y conferencistas invitados), de modo que Nueva Zelanda pueda aprender del resto del mundo. El marco de aprendizaje entre pares de la G-REG incorpora un elemento internacional al centrarse, entre otras cosas, en la necesidad de minimizar las posibles repercusiones negativas involuntarias de las actividades regulatorias en las entidades reguladas o en las industrias proveedoras y cadenas de suministro afectadas, que a menudo son internacionales o regionales.
>
> Fuentes: (OECD, 2018[40]) (OECD, 2020[41]).

Integrar la CRI en toda la elaboración de políticas a nivel nacional

La CRI tiene implicaciones importantes para las actividades de los reguladores y de sus organismos de supervisión. Requiere un cambio en la cultura regulatoria hacia una mayor consideración del entorno internacional en el proceso de elaboración de normas. Esto implica la revisión y consideración más sistemática de los marcos regulatorios extranjeros e internacionales de relevancia al regular y la evaluación de la forma en que las medidas regulatorias impactan y encajan en la gestión transfronteriza más amplia del asunto a tratar. Es necesario tener en cuenta la CRI en todas las fases del ciclo de elaboración de normas, desde la iniciativa de leyes y reglamentos hasta su implementación, evaluación y revisión. Desde esta perspectiva, las herramientas de gestión regulatoria (Manifestación de Impacto Regulatorio, involucramiento de las partes interesadas y revisiones *ex post* de la regulación) constituyen importantes puntos de entrada en el proceso de elaboración de normas para tener en cuenta el entorno internacional en el desarrollo y la revisión de leyes y reglamentos.

Reunir y basarse en los conocimientos y la experiencia internacionales

Por lo menos, los gobiernos deben actuar de acuerdo con las obligaciones que les imponen los tratados internacionales, lo que implica una coordinación adecuada entre los gobiernos y una base de información clara sobre dichos compromisos.

Al elaborar leyes y reglamentos, los responsables de la elaboración de políticas y los reguladores deben reunir pruebas y conocimientos que pueden ir más allá de su propia jurisdicción. Es raro que surja una nueva cuestión sin que ninguna otra jurisdicción y organismo internacional haya tenido que ocuparse de ella. Recopilar información sobre la incidencia del tema en cuestión y los enfoques adoptados por otros puede ayudar a construir el conjunto de pruebas sobre el asunto, identificar una mayor variedad de opciones de acción y desarrollar la narrativa en torno a la medida elegida. Esto puede hacerse como parte de la práctica rutinaria de recopilación de información durante las MIR *ex ante* y las evaluaciones *ex post*. También puede hacerse mediante la participación de expertos relevantes, así como representantes y profesionales de los sectores público y privado de todo el mundo, complementando la participación tradicional de las partes interesadas (véase más adelante). Por ejemplo, el 11º Plan de Desarrollo de Turquía (2019-2023) incluye una sección sobre la Capacidad Nacional para la Cooperación Internacional que requiere intercambios con expertos de otros países para la preparación de la legislación que se ocupa de regular las cuestiones financieras y técnicas (Presidency of the Republic of Turkey, 2019[42]).

Tener en cuenta los instrumentos internacionales existentes al elaborar la regulación y documentar los motivos para apartarse de ellos

Los instrumentos normativos internacionales suelen ser el resultado de una importante recopilación de pruebas y de la creación de un consenso (incluso científico). Su uso en la legislación nacional brinda un fuerte impulso para la coherencia regulatoria a nivel internacional, reduciendo así las oportunidades de arbitraje y los costos para las entidades reguladas por tener que cumplir con diversos requisitos. Los instrumentos vinculantes deben plasmarse en las leyes y reglamentos nacionales conforme al proceso establecido a tal efecto. En cuanto a los instrumentos no vinculantes, deben tenerse en cuenta y, cuando las circunstancias específicas requieran apartarse de ellos, debe justificarse con pruebas. Algunos ejemplos de requisitos nacionales para considerar los instrumentos internacionales se presentan en el Recuadro 2.4. Las herramientas tradicionales de gestión regulatoria, como la MIR o la participación de los interesados, pueden ayudar a evaluar los beneficios y los costos de adoptar un enfoque unilateral en vez de confiar en una solución internacional existente.

El principio de uso de las normas internacionales relevantes ya está fuertemente arraigado en los acuerdos MSF y OTC de la OMC desde la perspectiva del impacto comercial. De hecho, el uso de normas técnicas internacionales es especialmente relevante en el desarrollo de normas nacionales, reglamentos técnicos y procedimientos de evaluación de la conformidad (a veces denominados STRACAP) para facilitar el comercio. No obstante, el uso de los instrumentos internacionales pertinentes merece extenderse más allá del ámbito de las normas técnicas y aplicarse de forma más amplia. En efecto, en ámbitos no relacionados directamente con el comercio, el uso de instrumentos internacionales en la toma de decisiones y la armonización de los enfoques internacionales permiten evitar comportamientos de parasitismo y limitar los costos para las empresas y los ciudadanos, como suele ocurrir en el ámbito fiscal o de la corrupción. Este principio es válido para todas las jurisdicciones, pero es particularmente cierto para aquellas que han contribuido directamente al desarrollo de tales instrumentos.

Para obtener los máximos beneficios en materia de interoperabilidad, la incorporación por referencia de los instrumentos internacionales[1] debería ser la opción preferida cuando sea legalmente factible. Sin embargo, su uso limitado hasta ahora puede reflejar la percepción de la falta de adecuación de los instrumentos internacionales a las situaciones específicas de cada país y la escasa confianza de los reguladores nacionales en que estos instrumentos puedan (sin ser alterados) ayudarles a alcanzar sus objetivos políticos. De ahí que este principio vaya de la mano de la necesidad de que los responsables de la elaboración de políticas y los reguladores participen activamente en los foros internacionales en los que se están desarrollando dichos instrumentos (véase más adelante).

El *Panorama de la Política Regulatoria* de 2018 destaca la importancia de facilitar el acceso a los instrumentos internacionales aplicables, sean o no jurídicamente vinculantes, a través de bases de datos centralizadas (por sector/áreas políticas u otros) (OECD, 2018[12]).

Recuadro 2.4. Integrar los instrumentos internacionales en la regulación nacional

En **Australia**, existe una exigencia intersectorial de considerar "la coherencia con las obligaciones internacionales de Australia y las normas y prácticas internacionales aceptadas que sean relevantes" (Reglamento de Buenas Prácticas del COAG). Siempre que sea posible, se exige que las medidas o normas regulatorias sean compatibles con las normas o prácticas internacionales pertinentes o internacionalmente aceptadas, a fin de minimizar los impedimentos al comercio. Si una opción regulatoria implica el establecimiento o la modificación de normas en ámbitos en los que ya se aplican normas internacionales, el proponente debe documentar si las normas propuestas difieren de la norma internacional (y por qué).

México cuenta con varias disposiciones que fomentan la adopción de normas internacionales, sobre todo en lo que respecta a los reglamentos y normas técnicas. Si no existen normas internacionales, se fomenta la consideración de normas extranjeras, en particular las normas de dos importantes socios comerciales, Estados Unidos y la UE. Para apoyar a los reguladores en esta obligación, se ha elaborado un documento de orientación sobre cómo integrar las normas internacionales en los reglamentos técnicos o normas nacionales, además de que en la obligación legal se enumeran algunos ejemplos de normas internacionales y extranjeras.

Las Expectativas del Gobierno para Buenas Prácticas Regulatorias de **Nueva Zelanda** se aplican a todos los sistemas de regulación de Nueva Zelanda y, por tanto, a todo tipo de medidas y agentes regulatorios. En ellas, se establece que "el Gobierno considera que es más probable obtener resultados duraderos y de valor real para los neozelandeses cuando un sistema regulatorio... es coherente con las normas y prácticas internacionales relevantes para maximizar los beneficios del comercio y de los flujos transfronterizos de personas, capitales e ideas (excepto cuando esto ponga en riesgo objetivos y valores nacionales importantes)". Se espera que las agencias regulatorias lleven a cabo "un análisis sistemático del impacto y del riesgo, que incluya la evaluación de opciones políticas alternativas, legislativas y no legislativas, y de la forma en que el cambio propuesto podría interactuar o alinearse con los requisitos nacionales e internacionales existentes dentro de este sistema regulatorio o de otros relacionados".

En **Estados Unidos**, la directriz de la Oficina de Administración y Presupuesto (OMB) sobre el uso de normas de consenso voluntario establece que "con el fin de promover el comercio e implementar las disposiciones de los acuerdos de los tratados internacionales, su organismo debe considerar las normas internacionales en las adquisiciones y aplicaciones regulatorias". Además, la Orden Ejecutiva 13609 sobre el Fomento de la Cooperación Internacional Regulatoria establece que los organismos deberán, "para las regulaciones significativas que el organismo identifique como de importante impacto internacional, considerar, en la medida en que sea factible, apropiada y coherente con la ley, cualquier enfoque regulatorio de un gobierno extranjero que Estados Unidos haya acordado considerar en el marco de un plan de trabajo del consejo de cooperación regulatoria". El alcance de este requisito se limita a los planes de trabajo sectoriales que Estados Unidos ha acordado en los Consejos de Cooperación Regulatoria.

Fuente: (OECD, 2018[40]) (OECD, 2020[41]).

Evaluar los impactos más allá de las fronteras

Como mínimo, los gobiernos deben asegurarse de que su elaboración de normas tome en cuenta las posibles repercusiones en las partes que se encuentran fuera de las fronteras nacionales. El proceso de Evaluación de Impacto Regulatorio ofrece la oportunidad de hacerlo, en particular a través de la evaluación de los impactos comerciales y de los impactos en las jurisdicciones extranjeras. Pero aunque los países han empezado a contabilizar los impactos comerciales de sus normas (Recuadro 2.5), la consideración más amplia de los impactos de su acción regulatoria más allá de sus propias fronteras (y, por tanto, potencialmente de los efectos de segunda ronda) sigue siendo limitada. Para que se aplique eficazmente, este principio va unido a la necesidad de ofrecer oportunidades de consulta con los socios externos sobre el desarrollo de la regulación (véase más adelante).

> **Recuadro 2.5. Análisis del impacto comercial a través de los procedimientos de la Manifestación de Impacto Regulatorio**
>
> - **Revisión de la Cooperación Regulatoria Internacional de México** (OECD, 2018[40]): México introdujo un filtro comercial en el proceso de la MIR que brinda la oportunidad de evaluar los impactos en las exportaciones e importaciones de una medida regulatoria y desencadena la participación de la Secretaría de Comercio para la notificación a la OMC. A través de nueve preguntas detalladas, este filtro comercial permite a los reguladores identificar los posibles impactos comerciales de los proyectos de regulación. Si se encuentra un impacto de este tipo, se lleva a cabo una MIR específica sobre el comercio y el proyecto de medida se notifica a la OMC, abriendo así la posibilidad de recabar comentarios sobre la medida de otros miembros de la OMC y potencialmente de las partes interesadas en la misma.
> - **Revisión de la Cooperación Regulatoria Internacional del Reino Unido** (OECD, 2020[13]): el Reino Unido introdujo una nueva plantilla de MIR en 2018, que incluye una nueva pregunta relacionada con los impactos de las regulaciones del Reino Unido en el comercio internacional y la inversión (la pregunta es: *¿Esta medida podría impactar el comercio y la inversión? Sí/No*). Este nuevo modelo se puso a prueba en 2019. Con base en la primera serie de respuestas a este modelo, el Departamento de Comercio Internacional del Reino Unido, el Ejecutivo de Mejora de la Regulación y el Comité de Política Regulatoria están trabajando juntos sobre cómo perfeccionar las metodologías para apoyar a los departamentos en la medición de los impactos comerciales de sus proyectos de medidas.
>
> Fuente: (OECD, 2018[40]) (OECD, 2020[41]).

Comprometerse activamente con las partes interesadas extranjeras

La participación de los actores extranjeros interesados en los procesos regulatorios –como parte integral de la participación regular de las partes interesadas, más comúnmente centrada en los actores nacionales– puede ayudar a concientizar sobre los enfoques regulatorios en otras jurisdicciones y aportar información sobre las consecuencias de la aplicación de las opciones regulatorias seleccionadas, incluyendo sus impactos en el comercio y los efectos prácticos de mantener los mismos o diferentes enfoques regulatorios. En la práctica, es necesario, aunque no suficiente, basarse en procesos de participación abiertos y no discriminatorios a nivel nacional, por ejemplo, a través de plataformas de internet de acceso libre y accesible para todos. Los países deben hacer un esfuerzo adicional para involucrar a las partes interesadas extranjeras; esto puede adoptar la forma de una comunicación específica a través de plataformas empresariales o cámaras de comercio.

La notificación obligatoria de los proyectos de regulación a los foros internacionales constituye un medio importante para alertar a las partes interesadas extranjeras y obtener sus aportaciones. Los Acuerdos OTC y MSF de la OMC ofrecen esta oportunidad a través de la autoridad única del gobierno central responsable de las notificaciones (OECD/WTO, 2019[33]). Sin embargo, existen otros procesos de notificación en diversos sectores y plataformas regionales, como por ejemplo las obligaciones de notificación de las evaluaciones de impacto ambiental en virtud del Convenio de la CEPE sobre la evaluación del impacto ambiental en un contexto transfronterizo (Convenio de Espoo) (OECD, 2020[37]). Estos procesos de notificación pueden ser un complemento útil de los mecanismos establecidos por los organismos reguladores de supervisión y deben alimentar y trabajar en sincronía con esos mecanismos

Incorporar la coherencia con los instrumentos internacionales como un principio clave que impulsa el proceso de revisión en la evaluación ex post *y en las revisiones de inventario*

El alcance total de los impactos de una medida regulatoria sólo se conoce después de su implementación. Por lo tanto, la evaluación *ex post* ofrece una oportunidad crucial para identificar las divergencias de la regulación con los marcos internacionales, así como sus impactos comerciales y otros potenciales. La evaluación y las revisiones del inventario regulatorio pueden utilizarse de forma más sistemática para esquematizar el estado de los conocimientos internacionales sobre el área regulada y hacer un balance de los nuevos enfoques adoptados por otras jurisdicciones que puedan haber tenido éxito. Debería analizar los costos (y los beneficios) de desviarse de la práctica internacional si tal elección se hiciera *ex ante* e identificar las divergencias no intencionadas (en el diseño y la aplicación) que puedan ser fuente de fricciones (Recuadro 2.6).

Dada la relevancia potencial de los resultados de dicha evaluación *ex post* para otras jurisdicciones y la comunidad internacional, los resultados de la evaluación *ex post* deberían hacerse públicos y estar disponibles para los socios relevantes y los foros internacionales en la medida de lo posible.

Recuadro 2.6. Evaluaciones y revisiones del inventario como oportunidades para identificar divergencias a nivel internacional y reunir nueva información

En la versión actualizada de la Directiva de Regulación de **Canadá**, los reguladores deben, como parte de las revisiones del inventario regulatorio, identificar nuevas oportunidades para reducir las cargas regulatorias de las partes interesadas a través de actividades de cooperación regulatoria

En **Nueva Zelanda**, se espera que las agencias regulatorias "revisen periódicamente otros sistemas regulatorios similares, en Nueva Zelanda y en otras jurisdicciones, en busca de posibles tendencias, amenazas, vínculos, oportunidades de armonización, economías de escala y alcance, así como ejemplos de innovación y buenas prácticas".

Fuente: (OECD, 2018[40]) (OECD, 2020[41]).

Evaluar ex ante *las necesidades de cooperación para garantizar una aplicación adecuada y agilizar los procedimientos "reconocibles"*

Dadas las repercusiones de la digitalización y la fragmentación de las cadenas de valor, es probable que la aplicación adecuada de cualquier norma requiera la coordinación con jurisdicciones extranjeras, ya sea para recopilar información pertinente sobre la estructura del mercado o para resolver casos o encontrar soluciones cuando la autoridad o el mecanismo de aplicación se encuentra fuera de la jurisdicción. Estas necesidades de cooperación en materia de aplicación se calculan y prevén mejor en una fase temprana del proceso de elaboración de las regulaciones, a fin de evitar lagunas en la aplicabilidad de las mismas. En términos más generales, la cooperación en materia de aplicación de la ley puede facilitarse garantizando que los reguladores dispongan de las herramientas / la autoridad legal adecuadas para cooperar y tomar medidas previstas en su legislación nacional (OECD, Forthcoming[31]).

Los procedimientos de evaluación de la conformidad permiten a las empresas demostrar el cumplimiento de los requisitos reglamentarios. Cuando son la base de los mecanismos de reconocimiento mutuo y equivalencia, son un elemento clave para facilitar el comercio internacional y brindar confianza en que los bienes y servicios comercializados son adecuados para su finalidad. Sin embargo, cuando son diferentes y no se reconocen en los distintos países, pueden añadir costos sustanciales a los comerciantes y limitar el flujo de productos de calidad. Mejorar su calidad a nivel nacional y facilitar el reconocimiento de los procedimientos de evaluación de la conformidad de los socios de confianza puede ayudar a los reguladores a reducir su carga a nivel nacional y limitar los costos de cumplimiento para las entidades reguladas.

Cooperar a nivel internacional (bilateral, plurilateral y multilateral)

Las acciones unilaterales de los países para incorporar una mayor consideración del entorno internacional en la elaboración de normas y mapas nacionales y garantizar una mayor coherencia con los marcos internacionales pertinentes constituyen elementos esenciales de la CRI. Ayudan a evitar las divergencias regulatorias innecesarias mediante una elaboración de normas mejor informada y fomentan el conocimiento mutuo y la confianza necesaria entre jurisdicciones. Sin embargo, se necesitan formas más sólidas de enfoques de cooperación bilateral, regional o internacional (que ya existen de hecho) para sentar las bases de una colaboración institucionalizada y continua y de una mayor coherencia en materia regulatoria. Las modalidades de cooperación internacional dependerán del sistema jurídico y administrativo y de la ubicación geográfica del país, así como del sector o ámbito político que se considere.

Cooperar con otros países para promover el desarrollo y la difusión de buenas prácticas e innovaciones en materia de política regulatoria y gobernanza

Las buenas prácticas regulatorias son los cimientos de instituciones y marcos regulatorios confiables. También son los elementos esenciales de enfoques y mecanismos de cooperación regulatoria más fuertes. Los países deben seguir cooperando dentro de la OCDE y otros marcos relevantes a nivel mundial para promover el conocimiento y la comprensión de las buenas prácticas regulatorias, establecer un lenguaje común sobre los términos y conceptos clave de la política regulatoria, así como fortalecer la confianza necesaria entre jurisdicciones para contar con formas más sólidas de CRI. La cooperación internacional en materia de buenas prácticas regulatorias puede ser una oportunidad para que los gobiernos aprendan de las experiencias de los demás y desarrollen la capacidad de otros países con marcos menos desarrollados de buenas prácticas regulatorias.

Contribuir a los foros internacionales que apoyan la cooperación regulatoria

Se motiva a los gobiernos a que participen abiertamente en organismos internacionales en los que se discuta la ciencia, se compartan prácticas y se desarrollen enfoques comunes e instrumentos internacionales. Suelen estar basados en el consenso y ofrecen la oportunidad tanto de recopilar pruebas y conocimientos sobre cuestiones de interés común, como de influir en la elaboración de reglas internacionales. Desde esta perspectiva, puede ser útil que los países elaboren un esquema exhaustivo de todos los organismos internacionales a los que contribuyen. Cuando los recursos sean limitados, compartir entre países con ideas afines la carga de la participación activa puede ayudar a resolver los problemas de capacidad. Como mínimo, la vigilancia continua de la actividad normativa de los organismos internacionales ayudará a identificar cuando se planteen cuestiones relevantes para una jurisdicción específica.

Más allá de la participación activa en el trabajo técnico de los organismos internacionales, los países podrían apoyar aún más el uso de buenas prácticas regulatorias a nivel internacional. A través de su pertenencia o participación en los comités técnicos, las jurisdicciones nacionales tienen un papel que desempeñar en el envío de mensajes coherentes y en el trabajo en favor del desarrollo de normas más transparentes, basadas en pruebas, coordinadas y no más gravosas de lo necesario para lograr objetivos políticos legítimos. En particular, pueden apoyar una mayor participación de una amplia variedad de partes interesadas (tanto nacionales como internacionales) en la actividad normativa de los organismos internacionales, una mayor evaluación *ex ante* y *ex post* de los instrumentos internacionales, además de una mayor aplicación y coordinación de las normas conjuntas. El trabajo del Partenariado de Organizaciones Internacionales para la Elaboración Eficaz de las Reglas Internacionales, encabezada por el CPR, pretende ofrecer una base de referencia única sobre las medidas prácticas que las organizaciones internacionales pueden adoptar en este sentido (OECD, 2021 forthcoming[43]).

El *Panorama de Política Regulatoria* de 2018 identifica una desconexión entre los procesos de elaboración de normas nacionales e internacionales, lo que genera ineficiencias. Un mejor uso de los instrumentos de gestión regulatoria a nivel nacional e internacional puede ayudar a evitar esta desconexión. Por ejemplo, un mayor seguimiento y una evaluación más constante de la aplicación de los instrumentos internacionales a nivel nacional ayudaría a justificar su uso y a informar a los reguladores nacionales de sus efectos previstos y reales. También contribuiría a la revisión de los instrumentos internacionales si los resultados de la evaluación se compartieran de forma más sistemática entre los distintos niveles de gobierno.

Utilizar el reconocimiento mutuo en combinación con instrumentos internacionales

En los ámbitos en los que la armonización regulatoria puede no ser necesaria y se reconoce que varios enfoques regulatorios pueden alcanzar objetivos similares, el reconocimiento mutuo (o incluso unilateral) de las normas de otra jurisdicción, los procedimientos de evaluación de la conformidad o los resultados de la aplicación pueden evitar costos indebidos para las empresas y la obstrucción de la aplicación. Sin embargo, la experiencia demuestra que este reconocimiento es más fácil de conseguir entre países con ideas afines, y que resulta menos costoso y se ve facilitado por la coherencia y la convergencia de las normas subyacentes.

Alinear las expectativas de CRI en varios instrumentos de políticas, incluidos los acuerdos comerciales

Los acuerdos comerciales se utilizan cada vez más como mecanismo para promover consideraciones sobre la calidad y la cooperación regulatorias. Más recientemente, varios acuerdos contienen capítulos independientes centrados en las BPR, la CRI o ambas. Estos capítulos pueden representar un importante compromiso político y ser útiles para promover la comprensión y el uso común de la cooperación regulatoria y las herramientas de gestión regulatoria en todas las jurisdicciones.

Sin embargo, es importante que se respete la coherencia con los compromisos internacionales de los países en el mismo ámbito, en particular la Recomendación de 2012 y la Lista de comprobación de APEC-OCDE. En los casos en que estos capítulos independientes creen organismos permanentes especiales para supervisar la aplicación de estos capítulos y/o promover la cooperación en materia regulatoria, los países deben asegurarse de que cumplen eficaz y eficientemente su propósito, evitando la duplicación con otros organismos o el riesgo de fatiga de la cooperación. En particular, estos organismos deben ofrecer la oportunidad de reunir a los actores críticos que trabajan en la mejora de la eficacia regulatoria en las comunidades políticas de cada país. Un ejemplo es el CETA (Recuadro 2.7).

Recuadro 2.7. El Acuerdo Económico y Comercial Global Unión Europea - Canadá (CETA)

El CETA, en vigor de forma provisional desde septiembre de 2017, incluye un mecanismo para desarrollar la cooperación reglamentaria voluntaria entre las Partes, denominado Foro de Cooperación Regulatoria (FCR). La cooperación en el marco del FCR es voluntaria y está impulsada por la voluntad de las Partes de identificar áreas de trabajo común, sin perjuicio de su capacidad para seguir desarrollando sus propias iniciativas regulatorias, legislativas y políticas.

> El FCR facilita la cooperación regulatoria entre las Partes a través de sus siguientes funciones:
> - Brindar un foro para debatir cuestiones de política regulatoria de interés mutuo que las Partes hayan identificado a través de, entre otros, consultas con las partes interesadas;
> - Ayudar a los distintos reguladores a identificar posibles socios para las actividades de cooperación;
> - Examinar las iniciativas regulatorias, en curso o previstas, que una Parte considere que pueden ofrecer un potencial para la cooperación;
> - Fomentar el desarrollo de actividades de cooperación bilateral y, con base en la información obtenida de los departamentos y agencias regulatorias, revisar los avances y logros y compartir las mejores prácticas de las iniciativas de cooperación regulatoria en sectores específicos.
>
> El FCR está copresidido por funcionarios de la UE y de Canadá que supervisan la cooperación comercial y regulatoria bilateral. Aunque el FCR se crea como parte del CETA, también comprende actividades de cooperación que no están directamente relacionadas con el comercio entre las Partes y que tienen por objeto mejorar la eficiencia administrativa y/o abordar a nivel bilateral cuestiones políticas que trascienden las fronteras nacionales o continentales. Los reguladores individuales que cooperan en el marco del FCR abarcan ámbitos como la protección de los consumidores, la salud pública, la economía digital o el bienestar de los animales.
>
> Para informar sobre sus actividades de cooperación regulatoria, ambas Partes llevaron a cabo consultas en 2018 con el fin de recoger las opiniones de las partes interesadas europeas y canadienses sobre posibles temas en los que los reguladores de la UE y de Canadá podrían cooperar de manera significativa. Con base en ello, en la primera reunión del FCR, celebrada en diciembre de 2018, se identificaron cinco ámbitos de cooperación: i) ciberseguridad e internet de las cosas; ii) bienestar animal transporte de animales; iii) repetición de ensayos de productos similares a los cosméticos; iv) cooperación en materia de inspecciones farmacéuticas en terceros países; y v) intercambio de información sobre la seguridad de los productos de consumo; además de que se adoptó un plan de trabajo.
>
> Fuente: (Kauffmann and Saffirio, 2020 (forthcoming)[39]).

Nota

[1] La incorporación por referencia se refiere a la incorporación de instrumentos internacionales en los instrumentos nacionales mediante una referencia a uno o más instrumentos internacionales, o la sustitución de todo el texto en la redacción de un código o reglamento (OECD, 2013[4]).

Referencias

Kauffmann, C. and C. Saffirio (2020 (forthcoming)), "GRP and IRC approaches in trade agreements: An historical perspective and a stocktaking of recent chapters and provision", *OECD Regulatory Policy Working Papers*, No. forthcoming, OECD, Paris. [10]

OECD (2020), *Review of International Regulatory Co-operation of the United Kingdom*, OECD Publishing, Paris, https://dx.doi.org/10.1787/09be52f0-en. [2]

OECD (2020), *Review of International Regulatory Co-operation of the United Kingdom*, https://doi.org/10.1787/09be52f0-en. [3]

OECD (2020), *Study of International Regulatory Co-operation (IRC) Arrangements for Air Quality: The Cases of the Convention on Long-Range Transboundary Air Pollution, the Canada-United States Air Quality Agreement, and Co-operation in North East Asia*, OECD Publishing, Paris, https://doi.org/10.1787/dc34d5e3-en (accessed on 12 February 2020). [7]

OECD (2018), *OECD Regulatory Policy Outlook 2018*, OECD Publishing, Paris, https://dx.doi.org/10.1787/9789264303072-en. [5]

OECD (2018), *Review of International Regulatory Co-operation of Mexico*, OECD Publishing, Paris, https://dx.doi.org/10.1787/9789264305748-en. [1]

OECD (2017), "Trade Costs in Regulatory Cooperation: Findings from Case Studies", http://www.oecd.org/officialdocuments/publicdisplaydocumentpdf/?cote=TAD/TC/WP(2016)17/FINAL&docLanguage=En. [12]

OECD (2013), *International Regulatory Co-operation: Addressing Global Challenges*, OECD Publishing, Paris, https://dx.doi.org/10.1787/9789264200463-en. [11]

OECD (2021 forthcoming), "Compendium of International Organisations' Practices for Effective International Rulemaking". [9]

OECD (Forthcoming), *Implementation Toolkit on Legislative Actions for Consumer Protection Enforcement Co-operation*. [8]

OECD/WTO (2019), *Facilitating Trade through Regulatory Cooperation: The Case of the WTO's TBT/SPS Agreements and Committees*, OECD Publishing, Paris/World Trade Organization, Geneva, https://dx.doi.org/10.1787/ad3c655f-en. [6]

Presidency of the Republic of Turkey (2019), *Eleventh Development Plan (2019-2023)*, https://www.sbb.gov.tr/wp-content/uploads/2020/03/On_BirinciPLan_ingilizce_SonBaski.pdf (accessed on 23 March 2021). [4]

Anexo A. Síntesis de las ventajas y desventajas de las distintas formas de CRI

El trabajo analítico de la OCDE ha identificado una serie de ventajas y desventajas que pueden materializarse cuando los países hacen uso de los diferentes enfoques de la CRI. En particular, la (OECD, 2013[1]) identificó cuatro beneficios potenciales (ganancias económicas, avances en la gestión de riesgos y externalidades a través de las fronteras, eficiencia administrativa y flujo de conocimientos) y cuatro costos u obstáculos potenciales para el CRI (los costos de mantener la cooperación, la flexibilidad para cooperar, la pérdida real o percibida de soberanía, así como los cuellos de botella de la implementación). El presente Anexo resume estos beneficios y desafíos, reconociendo que no se producen de forma sistemática.

Los beneficios de la CRI (OCDE 2013)

La literatura respalda, en general, el punto de vista de que la cooperación regulatoria genera **beneficios económicos** gracias a la reducción de los costos de transacción y a las economías de escala. Se espera que la convergencia regulatoria permita a las empresas "utilizar contratos, documentos y procedimientos estandarizados para lograr economías de escala, reducir los costos de búsqueda y de transacción y simplificar la negociación" (Lazer, 2001[2]). Una normativa idéntica debería contribuir a la reducción del costo de producción al permitir que las empresas mantengan procesos de producción únicos, en lugar de múltiples procesos para adaptarse a múltiples regímenes normativos (Drezner, 2008[3]). La disminución de los costos marginales de las empresas resultante de una mayor cooperación regulatoria generará a su vez un aumento del excedente de los consumidores y del bienestar social (por ejemplo, a través de una mayor oferta de productos, precios más bajos o un acceso más rápido a nuevos productos) (Abbott and Snidal, 2000[4]). Del mismo modo, el aumento en el intercambio de información que permite una mayor cooperación debería conducir a una disminución de los fondos nacionales gastados en investigaciones científicas y políticas duplicadas, liberando recursos que a su vez podrían asignarse a usos más eficientes. La cooperación regulatoria puede mejorar el acceso al mercado y aumentar los flujos de comercio e inversión. Como señala (Drezner, 2008[3]), "las estructuras reguladoras descoordinadas y dispares funcionan como barreras implícitas al comercio".

Cuando las externalidades son de naturaleza global, los reguladores no podrán abordarlas desde un ángulo puramente nacional. Normalmente, la capacidad de regular adecuadamente la contaminación industrial, el comercio de productos químicos peligrosos, las enfermedades infecciosas, el cambio climático y la gestión eficaz de los riesgos transfronterizos requerirá la coordinación entre los países vecinos para garantizar la **eficacia de las medidas regulatorias**. De lo contrario, las medidas regulatorias corren el riesgo de estar mal orientadas, ser ineficaces o no estar adaptadas. Sin mencionar siquiera la gestión de los bienes mundiales, en el mundo globalizado de hoy es probable que las políticas adoptadas en una jurisdicción tengan fuertes implicaciones extraterritoriales, hasta el punto de que puede resultar casi imposible alcanzar ciertos objetivos políticos nacionales sin tener en cuenta cuidadosamente el contexto internacional. Según (Esty and Geradin, 2000[5]), si los reguladores ignoran los impactos más allá de su propia jurisdicción, las normas que establezcan serán sistemáticamente subóptimas (demasiado bajas si pasan por alto los beneficios de la regulación transfronteriza y demasiado altas si no tienen en cuenta los costos de la misma). Esto puede incitar a los reguladores a cooperar para alcanzar los objetivos nacionales de regulación que se ven fuertemente afectados por la libre circulación de bienes, servicios y personas. Además, la cooperación en materia regulatoria puede mejorar el cumplimiento y reducir los riesgos de una carrera cuesta abajo, amplificando en general el impacto de la regulación nacional.

El trabajo compartido entre gobiernos y autoridades públicas, en el que los países cooperan para abordar problemas similares, incluso a nivel bilateral, regional y multilateral, puede suponer un importante **ahorro de costos administrativos** que permita a los países racionalizar el contexto de sus propios programas regulatorios y reasignar los escasos recursos públicos a áreas de mayor prioridad. La cooperación en materia regulatoria "puede aprovechar los problemas comunes a los que se enfrentan los reguladores de todos los niveles de gobierno, reducir la 'curva de aprendizaje' con respecto a los problemas nuevos o emergentes, aumentar la velocidad y la eficacia de la acción regulatoria en cuestiones transfronterizas y permitir un uso eficiente de la escasa información y los recursos analíticos" (OECD, 1994[6]). Una mayor transparencia también puede ofrecer oportunidades para tener relaciones administrativas más eficaces con otros países, por ejemplo, mediante la simplificación y armonización de los procedimientos administrativos. Los beneficios pueden ser específicos y medibles, o pueden lograrse de forma menos directa, por ejemplo, mediante una mejor comprensión de la interacción compleja entre diversos objetivos políticos, lo que puede facilitar la toma de decisiones y la coordinación de políticas a nivel nacional.

La **transferencia de buenas prácticas regulatorias** es un beneficio importante de la CRI. La CRI facilita el intercambio de información sobre prácticas regulatorias entre países con diferentes experiencias políticas, el acceso a las buenas prácticas, lo que la convierte en una herramienta de desarrollo de capacidades. Este resultado refleja las conclusiones de la literatura. (Meuwese, 2009[7]), por ejemplo, encuentra una convergencia en las normas de establecimiento de estándares y evaluación del impacto regulatorio a través de un mayor diálogo entre la Comisión de la UE y la Oficina de Gestión y Presupuesto de Estados Unidos. El diálogo horizontal tiene aspectos tanto de aprendizaje (intercambio de mejores prácticas) como de facilitación (reducción de los obstáculos al comercio y mejora de la regulación sectorial). Del mismo modo, según (Raustiala, 2002[8]), las redes transgubernamentales permiten la "exportación regulatoria", es decir, la exportación de normas y prácticas regulatorias, lo que promueve la convergencia regulatoria entre los estados a través de los "efectos de red". Este efecto puede ayudar a crear capacidad burocrática en los Estados más débiles, lo que, a su vez, puede mejorar la regulación nacional y apoyar la cooperación regulatoria.

Los costes y retos de la CRI (OCDE 2013)

Los costos implican los **costos** directos de la infraestructura de coordinación, es decir, de los OIG, de la secretaría establecida para gestionar los tratados, de la institución que gestiona la red y de la acción coordinada. Además, hay una serie de costos directos e indirectos relacionados con el desarrollo de la cooperación y con cualquier cambio en el status quo nacional que pueda requerir la cooperación con otras jurisdicciones. Los costos para los gobiernos incluyen el tiempo y los recursos que deben invertirse en el capital político necesario para llevar a cabo las reformas legales y administrativas, para movilizar a los actores burocráticos, para presionar a las legislaturas y para calmar a los grupos de interés. Los costos indirectos están relacionados con los agentes privados que tienen que reformar sus operaciones para cumplir las nuevas regulaciones.

Las **diferencias entre los países en cuanto a sus procedimientos regulatorios y/o sus sistemas jurídicos** o tradiciones jurídicas pueden complicar de forma considerable los esfuerzos para superar la divergencia regulatoria. En algunos casos, las vías regulatorias están ya muy arraigadas, lo que dificulta el acercamiento. Si no es insuperable, la falta de flexibilidad regulatoria puede ser un impedimento sustancial para la CRI. Esto puede adoptar varias formas, que van desde las diferencias en los enfoques de los conceptos y cuestiones normativas clave, hasta las variaciones en la configuración institucional que desequilibran las relaciones. Los obstáculos legales al intercambio de información se presentan como obstáculos recurrentes a la cooperación. En estrecha relación, la confidencialidad de la información empresarial sigue siendo un importante cuello de botella, ya que las empresas suelen ser reacias a que la información sobre sus productos se comparta entre los gobiernos en la fase de revisión previa a la comercialización.

A menudo surgen obstáculos importantes en los casos en que se considera que la cooperación en materia regulatoria compromete el principio de la **soberanía regulatoria** o que no está suficientemente adaptada a las necesidades de un determinado Estado o región. Incluso la aplicación de procedimientos normalmente no controvertidos puede en algunos casos volverse delicada, si se interpreta que compromete intereses o valores nacionales clave. Varios estudiosos se centran en el impacto de la delegación de facultades regulatorias en la rendición de cuentas. (Howse, 2012[9]), por ejemplo, destaca los problemas inherentes a los déficits democráticos derivados de la delegación de facultades que se produce cuando las instituciones representativas constitucionales autorizan la actividad regulatoria cooperativa. Hacer más transparente la cooperación regulatoria ayudaría a resolver este dilema. Sin embargo, esto puede tener como precio una menor eficacia de la cooperación regulatoria, ya que se limitaría la ventaja común de un intercambio informal en un clima de confianza. En la práctica, el debate sobre las preferencias nacionales y la preservación de la soberanía puede ser muy animado. Al mismo tiempo, en varias experiencias de CRI se percibe una cierta pérdida de soberanía y/o reparto de competencias que se equilibra con una posición internacional más fuerte, por ejemplo, la Cooperación Nórdica, la cooperación entre Australia y Nueva Zelanda y la Unión del Benelux.

La **economía política de la cooperación regulatoria**, como cualquier acuerdo de cooperación entre Estados y otras partes interesadas, es compleja. Se combinan una serie de factores. Según (Lazer, 2001[2]), los Estados pueden no armonizar porque i) luchan en torno a los beneficios de la armonización; ii) la transacción real de alcanzar un compromiso es compleja, o iii) las élites políticas obtienen beneficios políticos de la no armonización. En algunos casos, la cooperación puede colapsar porque se considera que está capturada por intereses específicos y pierde su credibilidad. La cooperación no será sostenible si no se percibe como mutuamente benéfica para todos los países participantes. Sin embargo, es posible que los costos y los beneficios de la CRI no se repartan de forma equitativa entre los países, lo que supondría diferentes incentivos para que los socios cooperen. También es posible que los países no puedan apropiarse fácilmente de algunos de los beneficios y que, aunque la CRI sea benéfica en general, los países no tengan en cuenta el bien global. Además, cuando los países trabajan juntos, siempre existe la posibilidad de parasitismo, es decir, que algunos países obtengan los beneficios sin incurrir en el costo de la cooperación. Esto suele ocurrir en una serie de cuestiones medioambientales, como el cambio climático, en el que la tentación del parasitismo es importante y la carga de la acción no recae por igual en todos, lo que hace que se debata sobre los mecanismos de compensación.

Más allá de la firma de acuerdos y del compromiso de alto nivel de cooperación en materia regulatoria, la **implementación concreta de la CRI puede estar plagada de obstáculos**. Este es un ámbito en el que los estudios de casos son útiles para identificar los retos concretos que puede generar la aplicación de la CRI. Los desafíos pueden estar relacionados con una difícil aplicación del acuerdo de CRI o con la falta de eficacia del acuerdo para alcanzar sus objetivos. Según (Levy, 2016[10]), la eficacia de los acuerdos de cooperación se ve afectada a su vez por dos factores: por un lado, la amplitud de la cobertura y, por otro, la credibilidad de las normas. La credibilidad de las normas puede desglosarse a su vez en: i) legitimidad del proceso de las normas, ii) calidad de la supervisión, iii) calidad de la aplicación y iv) legitimidad de la supervisión y la aplicación.

Fortalezas y debilidades de los distintos enfoques de CRI (OCDE 2013)

Más allá de los beneficios y desafíos genéricos de la CRI destacados en la literatura e identificados anteriormente, cada enfoque específico de la CRI tiene puntos fuertes y débiles (Cuadro A A.1).

Cuadro A A.1. Advantages and disadvantages of various IRC forms

Tipo de mecanismo	Ventajas	Desventajas
Integración / armonización	Las reglas son las mismas para todos. El cumplimiento es máximo. Los modos de gobernanza supranacionales son menos propensos a la captura normativa que las formas en red.	Proceso largo. Costos de la estructura y de la aplicación. La amplia delegación puede percibirse como una amenaza para la legitimidad popular del mecanismo.
Asociaciones regulatorias entre países	El compromiso de alto nivel proporciona una fuerte señal que apoya una mayor cooperación a niveles inferiores (entre reguladores). Pruebas de que estas asociaciones evitan los efectos de la cuesta abajo. Acuerdo de cooperación que proporciona un mecanismo flexible para abordar la evolución necesaria en la asociación.	El carácter exclusivamente federal de las iniciativas normativas puede generar dificultades para abordar las regulaciones a diferentes niveles de jurisdicción.
Organismos intergubernamentales	Proporcionar plataformas para promover el diálogo continuo y anticiparse a los problemas emergentes. Laboratorio de experimentos de cooperación, que sienta las bases para acuerdos internacionales más amplios y jurídicamente vinculantes.	Puede percibirse como una ronda de conversaciones en la que los avances son lentos. Algunas deficiencias en la aplicación y el cumplimiento.
Acuerdos regionales con disposiciones regulatorias	Fuerza legal y conexión directa con el comercio y la integración económica. Los acuerdos regionales ofrecen niveles de integración más profundos y un mayor grado de cooperación que los acuerdos bilaterales. Ofrecen economías de escala en su aplicación.	Puede dar lugar a una proliferación de disposiciones con una coherencia limitada.
Acuerdos jurídicamente vinculantes por zonas	Validez jurídica	Falta de aplicación en algunos casos. Los acuerdos bilaterales pueden no ser suficientes para garantizar una cooperación adecuada cuando se necesita una coordinación multilateral (asuntos fiscales).
ARM (acuerdos de reconocimiento mutuo)	Preservar la soberanía del Estado en la elaboración de normas e inducir costos de ajuste mínimos. Reducir los esfuerzos de duplicación. Puede constituir un precursor útil de la armonización.	El tiempo y el costo necesarios para negociar acuerdos de RM pueden ser elevados. Los ARM necesitan regímenes muy similares y una gran confianza entre las partes, así como debates cada vez que se producen cambios en la normativa de una de las partes cooperantes. Falta de aplicación (algunos ARM entre la UE y Estados Unidos no se aplican). Es necesario establecer y mantener mecanismos sólidos para resolver las controversias.
Redes transgubernamentales	Estructuras de bajo costo, flexibles y adaptables/escalables, que fomentan la experimentación y la innovación. La regulación de la red favorece la generación de confianza, los enfoques técnicos y puede ayudar a evitar los problemas de la cuesta abajo.	La aplicación y el control pueden estar limitados debido a la falta de fundamento jurídico, basada principalmente en aspectos de reputación. El carácter informal de las redes regulatorias puede enmascarar relaciones de poder desiguales y reforzar las ya poderosas facultades regulatorias. Puede facilitar la exclusión y dificultar el control y la participación de otros funcionarios y agentes no estatales. La gobernanza tecnocrática corre el riesgo de apoyar el desarrollo de un régimen con poco o ningún control público de la acción administrativa.
Regulación privada transnacional	La normalización internacional puede dar lugar a normas y referencias aceptadas globalmente por todas las partes interesadas. La aplicación basada en contratos y en la presión/reputación del mercado es eficaz en las cadenas de valor mundiales que se extienden a países en los que el Estado de Derecho no se cumple del todo.	Proliferación y fragmentación de los sistemas privados (a pesar de la consolidación en curso). El proceso de normalización tiende a ser lento y a consagrar la práctica técnica existente. Incertidumbre sobre el desempeño y las condiciones en las que los esquemas privados pueden constituir una solución adecuada para alcanzar los objetivos públicos.

Tipo de mecanismo	Ventajas	Desventajas
	Permitir una gran confianza en la experiencia privada, lo cual es pertinente en los mercados en los que el ritmo del cambio tecnológico es rápido y se necesita información muy técnica para la definición de las medidas de aplicación y las especificaciones técnicas, y los agentes privados son las partes más informadas o los actores mejor posicionados para resolver un determinado fallo.	Falta de mecanismos de rendición de cuentas y subutilización de los instrumentos de mejora regulatoria. En algunos casos, los regímenes privados pueden no alcanzar la amplitud y convertirse en clubes de intereses específicos.
Normas no vinculantes: directrices, mecanismos de revisión por pares	Herramientas flexibles que se pueden adaptar fácilmente a las áreas/temas nuevos y emergentes.	El cumplimiento y la aplicación pueden ser difíciles. Los países pueden sentirse libres de adoptar partes de los instrumentos internacionales e ignorar otras.
Intercambio informal de datos	Modalidad de bajo costo de CRI que permite compartir prácticas y establecer un entendimiento y lenguaje comunes sobre los temas. Puede ayudar a generar confianza entre los reguladores y proporciona sistemas de alerta temprana. Fomenta la transparencia normativa y puede ayudar a reducir los costos administrativos y de cumplimiento. Resulta especialmente eficaz para reunir a los reguladores en los nuevos ámbitos de regulación en los que es necesario crear terminología y enfoques comunes desde el principio.	Existe el riesgo de que la cooperación nunca llegue a ser operativa y continúe como un debate de alto nivel. La falta de mecanismos de implementación y cumplimiento puede hacer que esta cooperación sea lenta y que las partes se sientan frustradas y la abandonen.

Fuente: (OECD, 2013[1]).

Referencias

Abbott, K. and D. Snidal (2000), "Hard and soft law in international governance", *International Organization*, Vol. 54/3, pp. 421-456, http://dx.doi.org/10.1162/002081800551280. [4]

Drezner, D. (2008), *All Politics Is Global*, Princeton University Press, New Jersey, https://press.princeton.edu/books/paperback/9780691096421/all-politics-is-global (accessed on 3 June 2021). [3]

Esty, D. and D. Geradin (2000), "Regulatory co-opetition", *Journal of International Economic Law*, Vol. 3/2, pp. 235-255, http://dx.doi.org/10.1093/jiel/3.2.235. [5]

Howse, R. (2012), "Transatlantic regulatory cooperation and the problem of democracy", in Bermann, G., M. Herdegen and P. Lindseth (eds.), *Transatlantic Regulatory Cooperation: Legal Problems and Political Prospects*, Oxford University Press, http://dx.doi.org/10.1093/acprof:oso/9780198298922.003.0027. [9]

Lazer, D. (2001), "Regulatory interdependence and international governance", *Journal of European Public Policy*, Vol. 8/3, pp. 474-492, http://dx.doi.org/10.1080/13501760110056077. [2]

Levy, B. (2016), "Innovations in Globalized Regulation: Opportunities and Challenges", No. 5841, World Bank Policy Research Working Papers, https://ssrn.com/abstract=1953804 (accessed on 3 June 2021). [10]

Meuwese, A. (2009), *EU-U.S. Horizontal Regulatory Cooperation Two global regulatory powers converging on how to assess regulatory impacts?*, Paper for the California-EU Regulatory Cooperation Project Leuven, Brussels, https://ghum.kuleuven.be/ggs/research/biosafety_biodiversity/publications/meuwese_final.pdf . [7]

OECD (2013), *International Regulatory Co-operation: Addressing Global Challenges*, OECD Publishing, Paris, https://dx.doi.org/10.1787/9789264200463-en. [1]

OECD (1994), *Regulatory Co-operation for an Interdependent World*, Public Management Studies, OECD Publishing, Paris, https://dx.doi.org/10.1787/9789264062436-en. [6]

Raustiala, K. (2002), "The Architecture of International Cooperation: Transgovernmental Networks and the Future of International Law", *Virginia Journal of International Law Association*, Vol. 43/1, http://dx.doi.org/10.2139/ssrn.333381. [8]

Anexo B. Estudios sectoriales

Seguridad química (OECD, 2013[1])

El programa de Medio Ambiente, Salud y Seguridad (EHS) de la OCDE para la seguridad química representa un caso poco frecuente en el que se evaluaron cuantitativamente los beneficios y los costos de la cooperación regulatoria internacional, y demuestra la forma en que esta cooperación puede apoyar la eficiencia administrativa. Esto se logra principalmente a través del sistema de Reconocimiento Mutuo de Datos (MAD), que garantiza la aceptación de los resultados de las pruebas químicas en toda la OCDE y genera un ahorro anual estimado de 309 millones de euros. El sistema también es accesible para los países que adoptan métodos de prueba, normas de calidad y niveles de protección comparables más allá de los miembros de la organización.

En general, al programa se le atribuye el desarrollo de un lenguaje y unas clasificaciones comunes, la armonización de los métodos de prueba y el fuerte apoyo de la industria. El sistema MAD ilustra así varias funciones clave de la cooperación regulatoria internacional en el manejo de sustancias químicas, como el intercambio de información técnica y política y el reparto de la carga administrativa. Esto genera varios beneficios, como la reducción de la duplicación de los procedimientos de prueba, de las barreras no arancelarias y de los retrasos en la comercialización de productos nuevos, así como un mejor manejo de los riesgos transfronterizos gracias a una mayor disponibilidad de datos de seguridad y a la aportación de recursos administrativos.

El estudio de caso destaca una serie de retos que hay que tener en cuenta para alcanzar una CRI eficaz. Por ejemplo, un cambio en la fabricación de productos químicos más allá de los países de la OCDE puede conllevar el riesgo de perder en relevancia y legitimidad, la mayor complejidad y sensibilidad política de las áreas técnicas a tratar una vez acordados los temas más consensuados, las dificultades metodológicas para cuantificar los beneficios del sistema, así como las incertidumbres relacionadas con la dependencia presupuestaria de las contribuciones de los países miembros, especialmente en tiempos de restricciones presupuestarias.

Seguridad de los productos de consumo (OECD, 2013[1])

El Grupo de Trabajo de la OCDE sobre Seguridad de los Productos de Consumo ilustra la forma en que una plataforma conjunta puede ayudar a los países a manejar los riesgos transfronterizos para la seguridad de los consumidores, en un mundo de flujos rápidos y a gran escala de bienes y servicios. Los principales objetivos de este organismo son promover el intercambio de información sobre la seguridad de los productos dentro de los países y entre ellos, apoyar la investigación sobre cuestiones de seguridad de los productos, fomentar métodos sistemáticos para el seguimiento y la evaluación de los principales avances, permitir la cooperación entre los países miembros y no miembros de la OCDE en áreas de interés mutuo y facilitar la armonización de los requisitos de seguridad de los productos y los métodos de recolección de datos.

Estos procesos apoyan a los reguladores y a las autoridades aduaneras en la detección de problemas de seguridad de los productos en todas las jurisdicciones, fomentan la coherencia de los requisitos que propician un entorno empresarial favorable y ayudan a los consumidores a tomar decisiones informadas y evitar daños. Los retos surgen de las limitaciones legales para el intercambio de información transfronteriza, los enfoques incoherentes para la recolección de datos entre países y la obtención de recursos suficientes para actualizar continuamente la base de información. El Comité de Política del Consumidor de la OCDE se propone abordar estas limitaciones legales existentes para el intercambio de información transfronteriza, en particular con el proyecto de Herramientas de implementación sobre acciones legislativas para la cooperación en materia de protección del consumidor (OECD, Forthcoming[2]).

Modelo de Convenio Tributario (OECD, 2013[3])

El Modelo de Convenio Tributario de la OCDE subraya la importancia de la cooperación para la administración eficaz de los sistemas fiscales y la reducción de los obstáculos innecesarios al comercio y la inversión transfronterizos. Este instrumento permite coordinar las normas acordadas internacionalmente para eliminar la doble imposición y prevenir la evasión fiscal, que han constituido la base de unos 3 500 convenios fiscales bilaterales. Este instrumento cuenta con el apoyo del Foro Global de la OCDE sobre Transparencia e Intercambio de Información para Fines Fiscales, que permite el intercambio automático de información fiscal entre jurisdicciones, facilita la aplicación de reglas internacionales de transparencia fiscal y lleva a cabo actividades de supervisión y revisión por pares para promover el cumplimiento. Además, el Convenio supervisa la adopción de normas comunes, mejora el intercambio de información fiscal entre jurisdicciones, limita el arbitraje regulatorio, facilita la interoperabilidad de los sistemas fiscales y prevé el evitar y resolver conflictos.

Estas actividades contribuyen a promover formas de entendimiento compartidas, enfoques comparables y una mayor coordinación entre las administraciones fiscales. Sin embargo, su eficacia se ve limitada por las diferencias en la transposición nacional de los instrumentos y la configuración institucional.

Aplicación de la ley de competencia (OECD, 2013[1])

La identificación y procesamiento de las prácticas anticompetitivas requiere cada vez más la cooperación entre las autoridades en materia de competencia, ya que la participación de las empresas en estas prácticas se extiende a diversas jurisdicciones. El fundamento normativo de la cooperación en este ámbito es el principio de cortesía, según el cual los países se comprometen recíprocamente a tener en cuenta los intereses vitales de los demás al llevar a cabo sus actividades de aplicación de la ley. Las formas identificadas de cooperación directas y específicas de la competencia incluyen instrumentos formales como las disposiciones jurídicas nacionales y los acuerdos entre jurisdicciones o autoridades en materia de competencia, así como acuerdos informales como la asistencia técnica y el intercambio de información. La cooperación entre las autoridades de competencia también se facilita a través de instrumentos de aplicación más amplia, como los Tratados de Asistencia Jurídica Mutua (MLAT), los tratados de extradición y las cartas de solicitud. La cobertura de estas medidas puede ser de carácter bilateral, regional o multilateral.

Entre los beneficios clave que surgen al cooperar en la aplicación de la competencia se encuentran la mejora en la eficacia al proporcionar una medida para la conducta ilegal y la eficiencia al reducir los costos de investigación y los riesgos de inconsistencias, así como una menor necesidad de compartir información confidencial. Los principales retos son las prohibiciones de intercambio de información confidencial, las diferentes definiciones de lo que constituye la información confidencial, las barreras lingüísticas, las dificultades prácticas de coordinación y las limitaciones de recursos.

El Consejo de Cooperación Regulatoria Canadá-Estados Unidos (RCC) (OECD, 2013[3])

Creado en 2011, el Consejo de Cooperación Regulatoria (RCC) entre Canadá y Estados Unidos surgió de la necesidad de que la infraestructura regulatoria entre estos países correspondiera con su nivel de interconexión económica. El RCC es un acuerdo bilateral que tiene como objetivo facilitar la armonización regulatoria en agricultura y alimentos; transporte; salud, productos de cuidado personal y productos químicos en el lugar de trabajo; medio ambiente; nanotecnología; y vínculos con las pequeñas empresas con el fin de mejorar la eficiencia administrativa e impulsar el comercio y la inversión. Este acuerdo permite varias formas de cooperación, especialmente en las fases previas del ciclo de políticas. Entre ellas se encuentran el intercambio de información, la colaboración en materia de investigación, el etiquetado y las clasificaciones comunes, el reconocimiento mutuo, la armonización de pruebas e inspección, la referencia compartida a las normas internacionales y el establecimiento de normas, así como el desarrollo regulatorio conjunto.

Los factores clave del éxito del RCC incluyen un compromiso constante de alto nivel entre los gobiernos, un mayor nivel de protección, una fuerte participación de los actores interesados y un impulso para abordar las limitaciones sistémicas que impiden formas más profundas de cooperación. Los principales retos a los que se enfrentan son la falta de pruebas cuantitativas sólidas para la cooperación en materia regulatoria –que deriva de las dificultades metodológicas– y el carácter exclusivamente federal del acuerdo.

Reglamento Energético de la Unión Europea (OECD, 2013[3])

En los últimos 10-15 años, la cooperación regulatoria en el sector energético de la Unión Europea se ha ido formalizando progresivamente. A través de una serie de paquetes de reformas energéticas, se ha pasado de modos de cooperación menos vinculantes e informales a un mayor énfasis en los compromisos vinculantes y la supervisión institucionalizada. Los objetivos principales de este proceso en su forma actual se centran en mejorar la competitividad, desarrollar un sistema energético sostenible y garantizar la seguridad del suministro. Los principales medios con los que la Unión Europea pretende cumplir estos objetivos son el fomento de un mercado interno eficaz de electricidad y gas, el establecimiento de normas mínimas y la armonización de las disposiciones técnicas, la supervisión del desarrollo de los sistemas energéticos regionales y la mejora de la cooperación entre los reguladores nacionales de la energía. El actor central que impulsa este proceso es la Agencia de Cooperación de los Reguladores de la Energía (ACER), que cuenta con el apoyo de un consejo consultivo, foros de deliberación y asociaciones industriales sectoriales.

Existe un amplio conjunto de mecanismos disponibles para apoyar la cooperación energética, que van desde el intercambio de información; el establecimiento de la agenda; la formulación de reglas, normas y estándares; así como el control y la recopilación de datos; hasta la supervisión y el cumplimiento, la resolución de conflictos y la gestión de crisis. Para aprovechar plenamente los beneficios económicos, medioambientales y de seguridad de la cooperación regulatoria internacional en el sector energético hay que afrontar varios retos. Entre ellos se encuentran las formas de regulación arraigadas, la preocupación por la soberanía regulatoria, la distribución desigual de costos y beneficios entre países, las diferencias institucionales, las dificultades técnicas y las percepciones divergentes de los intereses nacionales.

El Diálogo Mundial sobre Evaluación del Riesgo (OECD, 2013[4])

El Diálogo Mundial sobre Evaluación del Riesgo demuestra el papel que desempeñan el intercambio de información y el trabajo colaborativo para facilitar el desarrollo de marcos compartidos de comprensión, terminologías y clasificaciones comunes, así como la comparabilidad de los enfoques. Esta iniciativa está diseñada para mejorar la comprensión mutua de las evaluaciones de riesgo en todas las jurisdicciones y fomentar la coherencia metodológica y sustantiva en este ámbito. Para ello se han celebrado dos conferencias internacionales sobre evaluación de riesgos, así como cinco grupos de trabajo multilaterales en ámbitos temáticos concretos. Los principales agentes implicados son la comunidad científica de los organismos gubernamentales y los institutos de investigación. Las principales actividades realizadas en este foro se refieren al desarrollo de una terminología común para la evaluación de riesgos, promover la alineación al comunicar la incertidumbre, el fomento de evaluaciones de exposición confiables y comparables

Los beneficios que se derivan de estas formas de actividad incluyen una mayor transparencia, la reducción de la duplicación del trabajo, la mejora del flujo de conocimientos, el aumento de la confianza y la integridad científica. El principal problema al que se enfrenta el diálogo es mantener el impulso sin un compromiso político de alto nivel, así como la falta de cooperación institucionalizada y de infraestructura organizacional.

Regulación prudencial de los bancos (OECD, 2013[4])

El carácter global del sector financiero y su reciente vulnerabilidad a las crisis pone de manifiesto la necesidad de una cooperación internacional en materia de regulación y supervisión prudencial de la banca, a fin de mejorar la gestión de los riesgos sistémicos y garantizar la estabilidad financiera mundial. El actor central en este sentido es el Comité de Supervisión Bancaria de Basilea (BCBS), que cuenta con el apoyo del Consejo de Estabilidad Financiera (FSB), la Junta de Normas Internacionales de Contabilidad (IASB) y la Organización Internacional de Comisiones de Valores (IOSCO) y supervisores de seguros (IAIS). Los tres pilares de la actividad del BCBS son la coordinación de las responsabilidades de los bancos transfronterizos, la facilitación del intercambio de información sobre los acuerdos nacionales de supervisión y mejores prácticas, y el establecimiento de normas mínimas para fomentar la armonización de la regulación y contribuir a la igualdad de condiciones. Los principales instrumentos movilizados en apoyo de estos objetivos son las normas, que se basan en el intercambio de conocimientos y están sujetas a la supervisión y la recopilación de datos.

Entre los beneficios identificados se encuentran la mejora de la gestión de los riesgos financieros, mayor agilidad administrativa y eficiencia de la supervisión, un mayor entendimiento común en relación con las normas financieras y una mejor coordinación entre las autoridades bancarias. Por el contrario, los principales retos consisten en un número reducido de miembros y una cobertura reducida, las continuas dificultades de coordinación entre los organismos pertinentes y la inconsistencia en la aplicación de las normas.

Regulación privada transnacional (OECD, 2013[4])

La aparición y el aumento de la regulación privada transnacional están impulsados por la expansión del comercio transfronterizo, las divergencias en materia de buena gobernanza y Estado de Derecho entre jurisdicciones, la rápida evolución de la dinámica del mercado y la creciente complejidad de diversos ámbitos políticos. Los principales actores implicados en este proceso son las empresas, los organismos no gubernamentales y las comunidades epistémicas. El tipo de cooperación más frecuente que se lleva a cabo es el técnico y el sectorial, pero recientemente se ha producido una tendencia hacia formas más generalizadas. Los instrumentos clave desarrollados y aplicados en este ámbito son las normas voluntarias, que regulan el comportamiento en menor medida a través de mecanismos formales de cumplimiento y mucho más a través de consideraciones de la relación costo-beneficio, interés propio y aspectos de reputación. El estudio destaca los retos de estos esquemas, en particular el riesgo de captura. Pide que sean evaluados por los responsables de la formulación de políticas públicas, lo que contribuiría a su legitimidad y a un examen a profundidad, y anima a los responsables de la formulación de políticas/reguladores a identificar las áreas en las que pueden complementar o sustituir los marcos públicos.

Gestión de aguas transfronterizas (OECD, 2013[4])

La gestión de los recursos hídricos transfronterizos plantea retos ecológicos, sanitarios y económicos que deben abordarse mediante una acción coordinada entre los países implicados. La cooperación internacional regulatoria ha dado importantes resultados en este ámbito, como demuestran la negociación y la firma de 295 acuerdos internacionales sobre el agua desde 1948.

El instrumento principal que rige el compromiso dentro y entre estos actores es el Convenio de Helsinki, que establece un marco mínimo para los acuerdos entre los Estados ribereños y la gestión de los cursos de agua transfronterizos. En él se establecen tres principios generales que estas partes deben cumplir: el principio de precaución, el principio de quien contamina paga y el principio intergeneracional. La gestión coordinada de los recursos hídricos transfronterizos se apoya además en la pertenencia a organismos internacionales, la facilitación de asociaciones formales de cooperación regulatoria entre países a través de los organismos regionales de la ONU, la creación de organizaciones dedicadas a supervisar y aplicar los acuerdos, la prestación de ayuda financiera para la coordinación y la aplicación de las condiciones de la UE.

Esto contribuye al avance en la gestión de los riesgos y externalidades transfronterizos, a la mejora de la gestión medioambiental, al aumento de la producción de alimentos y energía, a la reducción de la pobreza, a la transparencia y al reparto del trabajo entre los gobiernos, así como a la mejora de la integración económica entre los Estados coordinadores. Sin embargo, la consecución de estos beneficios depende de que se aborden los retos asociados a las complejidades de la gestión de los recursos hídricos, la distribución desigual de los costos y beneficios, las diferencias en el desarrollo económico y las capacidades de gobernanza, además de las tensiones políticas más amplias.

Acuerdos internacionales de cooperación regulatoria en materia de calidad del aire: el Convenio sobre la contaminación atmosférica transfronteriza a gran distancia, el Acuerdo sobre la calidad del aire entre Canadá y Estados Unidos y la cooperación en el noreste de Asia (OECD, 2020[5])

La contaminación atmosférica es un ejemplo clásico de desafío político transfronterizo que ofrece oportunidades para una serie de mecanismos de CRI. Los países han establecido una multiplicidad de esfuerzos de cooperación para promover la calidad del aire y frenar la contaminación transfronteriza, con la participación de una serie de actores y diferentes niveles de gobierno. Entre los ejemplos más exitosos se encuentran el Acuerdo sobre la Calidad del Aire entre Canadá y Estados Unidos y el Convenio sobre la Contaminación Atmosférica Transfronteriza a Gran Distancia (CLRTAP) de la CEPE. China, Japón y Corea han intensificado sus esfuerzos para mejorar la calidad del aire. Todos los países han adoptado unilateralmente normas medioambientales internacionales, colaboran bilateralmente en el intercambio de datos, la asistencia técnica y la creación de capacidades, y participan en diversos programas medioambientales multilaterales, proyectos de investigación y reuniones ministeriales conjuntas. Sin embargo, en el noreste de Asia aún no ha surgido un enfoque regional basado en la ciencia para abordar la contaminación transfronteriza. La experiencia y las prácticas desarrolladas en torno al Acuerdo sobre la Calidad del Aire y el CLRTAP constituyen un ejemplo útil para los países interesados en establecer mecanismos conjuntos similares.

Revisión conjunta trilateral – Una primicia para los medicamentos veterinarios (sin publicar)

La revisión y aprobación conjunta del Metacam, un medicamento veterinario, por parte de las agencias regulatorias de Australia, Canadá y Nueva Zelanda revela la forma en que la cooperación regulatoria internacional a través del acuerdo sobre el lenguaje y los enfoques comunes puede contribuir a la salud animal, la eficiencia administrativa y el aumento de los flujos comerciales. En la práctica, esto implica una alineación de las definiciones con respecto a los residuos, límites máximos de residuos armonizados y una decisión regulatoria combinada. Este acuerdo de cooperación se basa en un clima de confianza mutua en los respectivos sistemas normativos de los países asociados, que se deriva en parte de su colaboración en dos foros internacionales clave: la Cooperación Internacional para la Armonización de los Requisitos Técnicos relativos al Registro de Medicamentos Veterinarios (VICH) y el Comité del Codex sobre Residuos de Medicamentos Veterinarios en los Alimentos (CCRVDF). También está impulsado por importantes incentivos económicos y comerciales, al ser Nueva Zelanda y Australia los principales proveedores de ganado y Canadá un gran importador. La revisión simultánea del Metacam por parte de los tres países aporta importantes beneficios en cuanto a la mejora de la salud y la seguridad de los animales; la simplificación administrativa y la reducción de la duplicidad de esfuerzos regulatorios; una mayor coherencia internacional en los procedimientos y procesos de toma de decisiones; así como la mejora del comercio y la elección del consumidor.

Estudio del Programa de Eficiencia Energética de Equipos (E3) entre Australia y Nueva Zelanda (OECD, 2017[6])

El Programa de Eficiencia Energética de Equipos (E3) es un acuerdo bilateral de cooperación normativa entre Australia y Nueva Zelanda, que facilita la reducción de costos, minimiza la duplicación administrativa y mejora la gestión medioambiental, especialmente mediante el desarrollo de normas conjuntas. El objetivo central de este programa es establecer normas mínimas de desempeño medioambiental y requisitos de etiquetado integrados para los equipos energéticos. Lo anterior está respaldado por la Ley de Normas Mínimas sobre el Efecto Invernadero y la Energía (GEMS) en conjunto con el Acuerdo Intergubernamental (AIG), que abarca los distintos estados y territorios de Australia, así como Nueva Zelanda. Los mecanismos de cooperación incluyen un sistema de registro compartido y el intercambio de información relacionada con las actividades de supervisión, verificación y aplicación. Los principales beneficios de esta forma de cooperación regulatoria internacional son las ganancias económicas por la reducción de los costos energéticos, la eficiencia energética por la disminución del consumo y la mejora del rendimiento medioambiental por la reducción de las emisiones de gases de efecto invernadero.

Armonización de las normas nacionales australianas sobre vehículos con las normas internacionales (sin publicar)

La colaboración en el desarrollo y la armonización de los reglamentos sobre vehículos a través del Foro Mundial para la Armonización de la Reglamentación sobre Vehículos (WP.29) tiene como objetivo mejorar la seguridad vial, contribuir a mejorar el rendimiento medioambiental y la eficiencia energética, así como facilitar el comercio. Los principales beneficios de la participación de Australia en este foro y de la adopción de sus normas son el aumento del comercio, de las inversiones y de las posibilidades de elección de los consumidores (el 90% de sus vehículos son importados); los avances en la gestión de los riesgos transfronterizos y la eficiencia administrativa gracias al reparto de la carga internacional en la elaboración de las normas. Por el contrario, los retos surgen de las prioridades y posiciones divergentes entre los países participantes y de las diferencias nacionales en los perfiles de producción de vehículos y los patrones de consumo. A ello se suman los costos adicionales que supone el seguimiento y la participación en los procesos normativos internacionales relevantes, así como la duración de estos procesos con respecto a sus equivalentes nacionales.

Costos comerciales en la cooperación reglamentaria: Conclusiones de los estudios de caso (OECD, 2017[6])

Un estudio enfocado en doce casos de cooperación internacional regulatoria relacionada con el comercio confirma que los costos comerciales con frecuencia se perciben como algo significativo antes de la cooperación regulatoria y, en cambio, los datos confirman que la CRI puede reducir los costos y las cargas para el comercio internacional. Este estudio abarca una serie de sectores (vino, productos orgánicos, electrodomésticos, plaguicidas, vehículos y semillas), modos de participación, marcos institucionales, niveles de compromiso y mecanismos de cooperación, que demuestran los distintos efectos de la CRI. En general, entre los mecanismos específicos de la CRI que se analizaron, los efectos más frecuentes y pronunciados están en la equivalencia mutua de las normas y el reconocimiento mutuo de los procedimientos de evaluación de la conformidad, siendo los productores y los exportadores los más beneficiados. También se señalaron beneficios, aunque de forma menos sistemática, para los demás mecanismos examinados, como el desarrollo de normas internacionales, o la convergencia e incluso la armonización de normas y procedimientos de evaluación de la conformidad, así como para otras partes interesadas, incluidos los importadores y los consumidores. Entre los factores clave que sustentan el éxito de estas iniciativas se encuentran la aclaración de la nomenclatura, la terminología y los conceptos; el intercambio de información sobre los requisitos o las prácticas regulatorias y la existencia de comités o grupos de trabajo especializados, sobre todo en ausencia de un marco formalizado de cooperación. Los encuestados también subrayaron la importancia del buen funcionamiento de la coordinación operativa en materia regulatoria, el intercambio de investigaciones y datos entre jurisdicciones y un liderazgo político favorable.

Referencias

OECD (2020), *Study of International Regulatory Co-operation (IRC) Arrangements for Air Quality: The Cases of the Convention on Long-Range Transboundary Air Pollution, the Canada-United States Air Quality Agreement, and Co-operation in North East Asia*, OECD Publishing, Paris, https://doi.org/10.1787/dc34d5e3-en (accessed on 12 February 2020). [5]

OECD (2017), "Trade Costs in Regulatory Cooperation: Findings from Case Studies", http://www.oecd.org/officialdocuments/publicdisplaydocumentpdf/?cote=TAD/TC/WP(2016)17/FINAL&docLanguage=En. [6]

OECD (2013), *International Regulatory Co-operation: Case Studies, Vol. 1: Chemicals, Consumer Products, Tax and Competition*, OECD Publishing, Paris, https://dx.doi.org/10.1787/9789264200487-en. [1]

OECD (2013), *International Regulatory Co-operation: Case Studies, Vol. 2: Canada-US Co-operation, EU Energy Regulation, Risk Assessment and Banking Supervision*, OECD Publishing, Paris, https://dx.doi.org/10.1787/9789264200500-en. [3]

OECD (2013), *International Regulatory Co-operation: Case Studies, Vol. 3: Transnational Private Regulation and Water Management*, OECD Publishing, Paris, https://dx.doi.org/10.1787/9789264200524-en. [4]

OECD (Forthcoming), *Implementation Toolkit on Legislative Actions for Consumer Protection Enforcement Co-operation*. [2]

www.ingramcontent.com/pod-product-compliance
Ingram Content Group UK Ltd.
Pitfield, Milton Keynes, MK11 3LW, UK
UKHW050412240426
12048UKWH00020B/1474